ノーコードで
Excelを自動化！

パワークエリ
スタートブック

相澤裕介●著

はじめに

　Excelはビジネスに必須のツールであるため、「基本的な操作をはじめ、簡単な数式・関数の入力、グラフの作成などは問題なく行える」という方が沢山いると思われます。さらにVBAを使ったプログラミングを習得すれば、業務に必要な処理を自動化することも可能となります。

　業務の効率化が叫ばれている昨今では、「Excel作業を自動化できたら……」と考えている方も多いと思います。しかし、プログラミングとなると一気に敷居が高くなってしまうのも、これまた事実です。

　このような場合にぜひ活用したいのが、本書で紹介する**Power Query**（パワークエリ）です。Power QueryはExcelに標準装備されている機能のひとつで、さまざまな処理を自動化できるツールとなります。たとえば、

- ・複数のデータ表を結合する
- ・データ表を加工して最適な形に整形する
- ・読み込んだデータをもとに自動集計を行う
- ・別のExcelファイルから必要なデータだけを抽出して連結する

などの作業を自動化することが可能です。これらの処理内容を指定する際に**プログラムを記述する必要はありません**。Power Queryは**ノーコード、ローコードでも使えるツール**として設計されているため、プログラミングに不慣れな方でも問題なく使用できます。通常のExcelと操作が似ている部分も多いため、ほんの数時間ほど勉強するだけでPower Queryを実務に活かせるようになります。

　1回限りの作業で「自動化する必要はない」といった処理内容であっても、**Power Queryを使った方が簡単かつスムーズに作業を進められる**ケースもあります。

　Excel関数に慣れている方なら、少しくらい複雑であっても「関数の組み合わせ」で目的の処理を実現できるかもしれません。でも、そのためには関数について深く学んでおく必要があります。SUMやAVERAGEなどの関数は戸惑うことなく使用できても、そうではない使用頻度の低い関数は「そのつどネットで調べて……」といった使い方になってしまうケースが多いでしょう。

このような場合にPower Queryを活用すると、各手順における処理結果を画面で確認しながら**ステップ形式で処理内容を指定**できるようになります。関数の知識がなくても問題ありません。手順を一つずつ追いながら順番に処理を進めていけるため、少しくらい複雑な処理であっても混乱することなく作業を進められると思います。

　このようにPower Queryは多くのメリットを備えたツールとなりますが、実際に使用している方は意外と少ないようです。あまり知られていないのが原因かもしれません。Excelの基本を覚えたら、**次に取り組むべき課題はVBAではなくPower Query**です。Power QueryはVBAよりも格段に簡単で理解しやすい、ビギナーでも使いこなせるツールです。本書との出会いがPower Queryを有効活用するための第一歩になれば幸いです。

2023年9月　相澤 裕介

（注意事項）

※ Power Query（パワークエリ）は、Excel 2016／2019／2021もしくはMicrosoft 365（旧Office 365）に標準装備されているツールです。Excel 2013以前のバージョンでは使用できないことに注意してください。

※ 本書は、Excel 2021をベースにPower Queryの使い方を解説した書籍です。他のバージョンのExcelでは画面表示などが若干異なる部分もありますが、基本的な操作手順は同じと考えて構いません。よって、Excel 2021でなくてもPower Queryの使い方を学習する際の参考になると思われます。

目次　Contents

目次

v

X 第2章　データ表の読み込みと行、列の操作　067

X 第3章 データの加工・変換　　133

X 第4章　集計表の作成とデータ連結　209

目
次

ix

■ サンプルファイルについて

　本書で紹介した内容のサンプルファイルは、以下のURLからダウンロードできます。Power Queryの使い方を学習する際の参考としてください。

https://cutt.jp/books/978-4-87783-542-2/

　ダウンロードしたzipファイルを展開すると、「sample」という名前のフォルダーが作成されます。この「sample」フォルダーは、**Cドライブの直下に配置**するようにしてください。

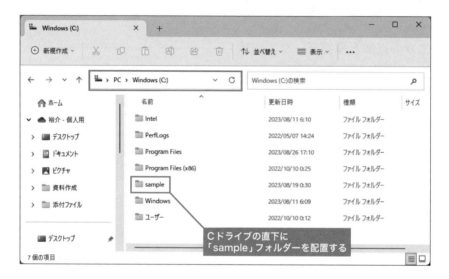

　他のフォルダーに配置すると、Power Queryに記録されている**パス**と整合性がとれなくなるためエラーが発生します。やむを得ず他の場所に「sample」フォルダーを配置するときは、P046〜053やP262〜264を参考に**パスを修正**してから処理を実行するようにしてください。

第1章

Power Query
の概要

■■■

最初に、Power Query の概要を説明しておきます。初めて
Power Query を利用する方に向けて具体的な例も紹介しておく
ので、これを参考に「基本的な使い方」や「自動化のメリット」
などを想像してみてください。

01 Power Queryとは？

Excelに標準装備されているPower Query（パワークエリ）は、必要なデータだけを抽出して、最適な形に加工し、自動出力してくれるETLツールです。まずは、Power Queryの概要とメリットを簡単に紹介しておきます。

X Excelユーザーなら誰でも使えるPower Query

本書で解説するPower Query（パワークエリ）は、**Excelに標準装備されているETLツール**です。ETLツールとは、データの**抽出**（Extract）、**加工・変換**（Transform）、**書き出し**（Load）を自動処理してくれる機能のことを指します。これまで自分の手で処理してきた面倒な作業を自動化できるため、上手に活用すればExcelの作業効率を大幅に向上させることができます。

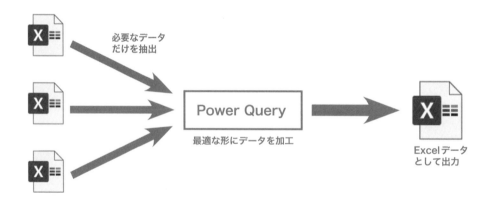

Excelはデータの分析、グラフの作成などに使えるアプリケーションですが、その前準備として「最適な形」にデータ表を整形する作業を強いられるケースもあります。

たとえば、「7月1日の売上」、「7月2日の売上」、「7月3日の売上」、……という具合に日々の売上データが別のExcelファイルに記録されていたとしましょう。これらのデータをもとに「7月全体の売上」を集計するには、それぞれのExcelファイルからデータをコピー＆ペーストして「1つの表」に結合しておく必要があります。売上データが31日分あれば、①Excelファイルを開く、②データをコピー＆ペーストする、③Excelファイルを閉じる、といった操作を31回も繰り返さなければいけません。これは難しい作業ではありませんが、非常に手間と時間のかかる、効率の悪い作業といえます。

このような場合にPower Queryを活用すると、データの結合を一瞬で完了できるようになります。そのほか、分析に必要なデータだけを抜き出す（不要なデータを削除する）、データを使いやすい形に整える、関連するデータを連結して新しい表を作成する、WebやPDFからデータを取得する、などの処理をPower Queryで自動化することも可能です。

Power Queryで実現できる機能は多岐にわたるため、その概要を端的に紹介するのは難しいかもしれません。よって、本書で各機能の使い方を学びながら、「こんなことにもPower Queryを活用できそう！」と想像を膨らませて頂けると幸いです。各機能の使い方を学んでいくことで、「自身の業務にPower Queryを活用できそうだ」ということを実感できると思います。

X Power Queryのメリット

続いては、Power Queryならではのメリットについて簡単に紹介しておきましょう。ある程度Excelを使える方なら何十時間も勉強しなくても、すぐに実務に活かせるのがPower Queryの魅力です。

■ 特別なアプリや環境は不要
Power Queryは、**Excel 2016以降**もしくは**Microsoft 365**（旧Office 365）に標準装備されているツールです。あらためて特別なアプリをインストールしたり、PC環境を構築しなおしたりする必要はありません。現在のPC環境のまま、すぐにPower Queryの使用を開始できます。

■ プログラミング不要で使える
Power Queryは、最近、注目を集めている**ノーコード、ローコード**に分類できるツールといえます。**VBAを使ってプログラムを作成する必要はありません。**このため、プログラミングに不慣れな方であっても、すぐに実務に活用できます。

■ ステップ形式で処理を管理できる
Power Queryで指定した処理は、それぞれが順番にステップ形式で記録されていく仕組みになっています。このため、処理内容の一部を修正する、別の用途にカスタマイズする、などの作業を手軽に行うことができます。

02 Power Query の具体例

文章だけで Power Query の概要を説明しても伝わりにくいと思うので、続いては、具体的な例を示しながら Power Query の使い方を紹介していきます。具体例を見ることで、Power Query の魅力をより鮮明にイメージできると思います。

X 具体例として紹介する自動処理

ここでは、3つの Excel ファイルに分割保存されているデータを結合して「1つの表」を作成する場合を例に、Power Query の具体的な活用方法を紹介していきます。

以降に示す図は、あるカレー弁当店（テイクアウト専門店）の売上データをまとめたものです。売上データは1日ごとに「別の Excel ファイル」に集計されており、現時点では7月1日〜7月3日の3つの Excel ファイルが作成されています。

日々の売上データをまとめた Excel ファイル

▼ 7月1日の売上 .xlsx

	A	B	C	D	E	F	G	H	I
1									
2		商品名	ライス・ナン	単価	販売数	金額			
3		チキンカレー	ライス	¥600	24	¥14,400			
4		チキンカレー	ナン	¥620	18	¥11,160			
5		マトンカレー	ライス	¥720	7	¥5,040			
6		マトンカレー	ナン	¥740	17	¥12,580			
7		キーマカレー	ライス	¥560	16	¥8,960			
8		キーマカレー	ナン	¥580	12	¥6,960			
9		野菜カレー	ライス	¥780	26	¥20,280			
10		野菜カレー	ナン	¥800	21	¥16,800			
11		グリーンカレー	ライス	¥660	32	¥21,120			
12		グリーンカレー	ナン	¥680	18	¥12,240			
13					合計	¥129,540			
14									
15									
16									
17									
18									
19									

▼7月2日の売上.xlsx

	A	B	C	D	E	F	G	H	I
1									
2		商品名	ライス・ナン	単価	販売数	金額			
3		チキンカレー	ライス	¥600	16	¥9,600			
4		チキンカレー	ナン	¥620	12	¥7,440			
5		マトンカレー	ライス	¥720	8	¥5,760			
6		マトンカレー	ナン	¥740	11	¥8,140			
7		キーマカレー	ライス	¥560	13	¥7,280			
8		キーマカレー	ナン	¥580	9	¥5,220			
9		野菜カレー	ライス	¥780	17	¥13,260			
10		野菜カレー	ナン	¥800	11	¥8,800			
11		グリーンカレー	ライス	¥660	21	¥13,860			
12		グリーンカレー	ナン	¥680	15	¥10,200			
13					合計	¥89,560			
14									
15									
16									
17									
18									
19									

▼7月3日の売上.xlsx

	A	B	C	D	E	F	G	H	I
1									
2		商品名	ライス・ナン	単価	販売数	金額			
3		チキンカレー	ライス	¥600	22	¥13,200			
4		チキンカレー	ナン	¥620	16	¥9,920			
5		マトンカレー	ライス	¥720	4	¥2,880			
6		マトンカレー	ナン	¥740	7	¥5,180			
7		キーマカレー	ライス	¥560	10	¥5,600			
8		キーマカレー	ナン	¥580	11	¥6,380			
9		野菜カレー	ライス	¥780	13	¥10,140			
10		野菜カレー	ナン	¥800	10	¥8,000			
11		グリーンカレー	ライス	¥660	17	¥11,220			
12		グリーンカレー	ナン	¥680	6	¥4,080			
13					合計	¥76,600			
14									
15									
16									
17									
18									
19									

　これらのデータをもとに、現時点における「7月全体の売上」を集計する場合を考えてみましょう。この場合、3つのExcelファイルを「1つの表」に結合しておく必要があります。この作業をコピー&ペーストではなく、Power Queryで実行してみましょう。

　それでは、具体的な操作手順を紹介していきましょう。同じフォルダー内にある複数の
Excelファイルを Power Query で結合するときは、以下のように操作します。

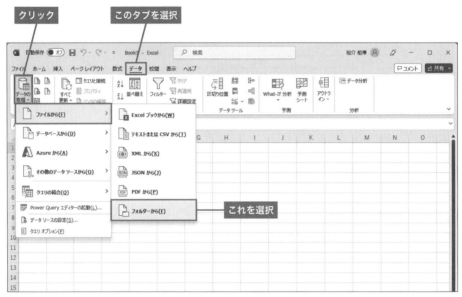

1 Excelを起動して「空白のブック」を作成します。続いて、[データ]タブにある「デー
タの取得」をクリックし、「ファイルから」→「フォルダーから」を選択します。

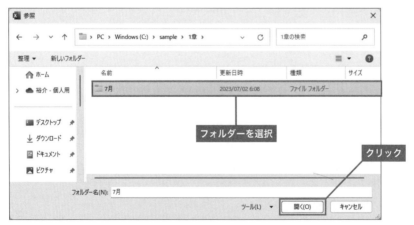

2 フォルダーの指定画面が表示されるので、3つのExcelファイルが保存
されているフォルダーを選択し、[開く]ボタンをクリックします。

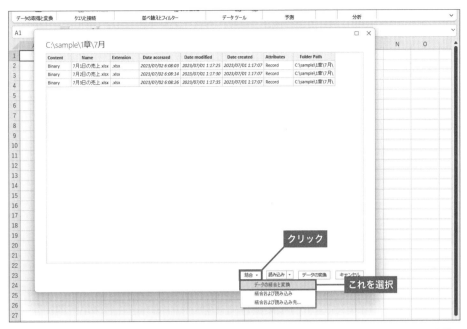

3 このような画面が表示されるので[結合]ボタンをクリックし、「データの結合と変換」を選択します。

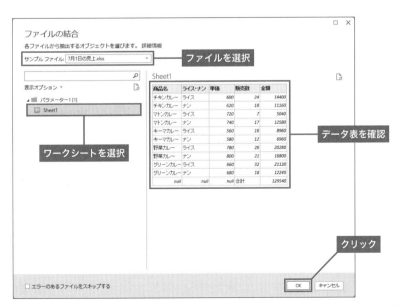

4 結合後の表の見本（サンプル）となる**ファイル**を選択し、**ワークシート**を選択します。すると、そのワークシートに記録されているデータ表が表示されます。これを確認し、[OK]ボタンをクリックします。

読み込まれるデータ

　見本として選択したワークシートの「列見出し」に従って、データの読み込み・結合が行われます。見本にない「列見出し」のデータは読み込まれないことに注意してください。「商品名」と「品名」のように「列見出し」の文字が異なっている場合は、データ読み込みの対象になりません。このため、全データを結合するには、すべてのExcelファイルを同じ「列見出し」で作成しておく必要があります。

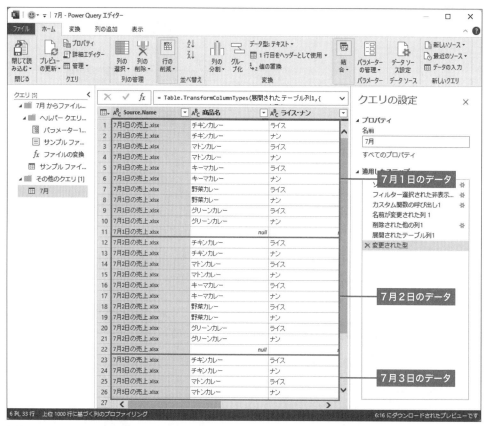

5 「Power Query エディター」が起動し、3つのExcelファイルのデータを結合した表が表示されます。

6 画面を上下左右に**スクロール**すると、データを結合した表の全体像を確認できます。

これで3つのExcelファイルを結合する処理を指定できました。続いては、結合した表から不要なデータを削除する処理を指定していきます。

X 不要なデータを削除する

結合前のデータ表には、各日の「合計を算出する行」が用意されていました。データを結合した表にも、この「合計」がそのまま取り込まれています。「合計」を残しておくと結合後のデータを扱いづらくなるので、この時点で削除しておきましょう。

不要な行を削除するときは、「**Power Query エディター**」のフィルター機能を利用して以下のように操作します。

1 「合計を算出する行」は、「販売数」の列に**「合計」**という文字が記されています。これを条件にして「行の削除」を行います。

2 「販売数」の列にある▼をクリックし、**「合計」**をOFFにしてから[OK]ボタンをクリックします。

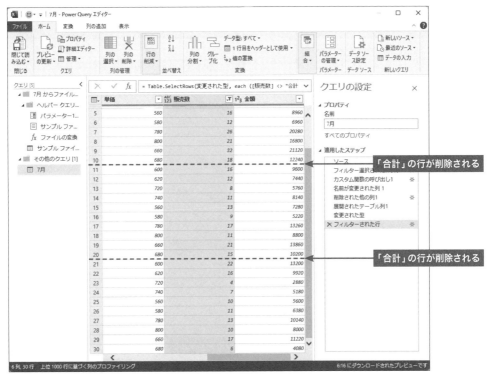

3 「販売数」が「合計」の行が除外されます。その結果、表から「合計を算出する行」を削除できます。

フィルター機能の使い方

「Power Query エディター」のフィルター機能は、Excelのフィルター機能とほぼ同様の操作手順で使用できます。フィルター機能の使い方を知らない方は、この機会にExcelの解説書などで使い方を学習しておくとよいでしょう。

　今回の例では「各日の売上データ」を別々のExcelファイルにまとめていたため、データ表に「日付」を示す列は用意されていませんでした。このままでは「いつのデータか？」を識別できなくなってしまうので、「日付」の列を追加しておきましょう。この作業は、以下のように操作すると実行できます。

1 データを結合した表の1列目には、データ取得元の「Excelファイル名」が文字列データとして記録されています。このままでは少し扱いづらいので、これをもとに日付データを作成します。

2 「Power Query エディター」の [列の追加] タブを選択します。続いて、表の1列目を選択し、「抽出」→「区切り記号の前のテキスト」を選択します。

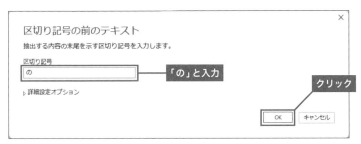

「の」と入力

クリック

3 今回の例では「7月1日の売上.xslx」や「7月2日の売上.xslx」
という具合に、「の」の文字の前に日付が記述されています。
よって、「の」を区切り記号に指定します。

列が追加される

4 表の右端に列が追加され、「の」より前にある文字（日付）がデータとして抽出さ
れます。

ダブルクリックして
「列の名前」を変更

5 追加した列の見出しをダブルクリックし、列の名前を「日付」に変更します。

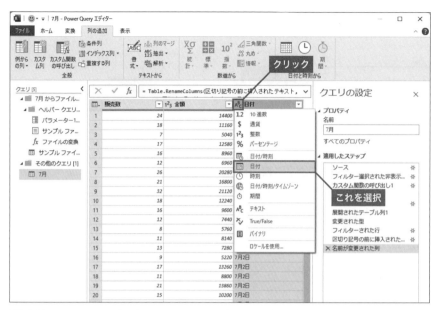

6 続いて、データ型を変更します。現時点では日付が「文字列データ」として扱われているので、ⒶⒷ Ⓒ をクリックしてデータ型を「日付」に変更します。

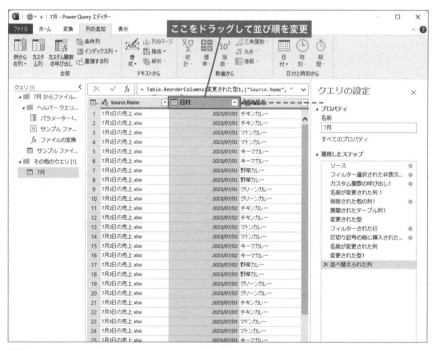

7 表の右端に「日付」の列があるのは適切な状態とはいえないので、列の並び順を変更します。この操作は、「**列の名前**」を左右に**ドラッグ**すると実行できます。

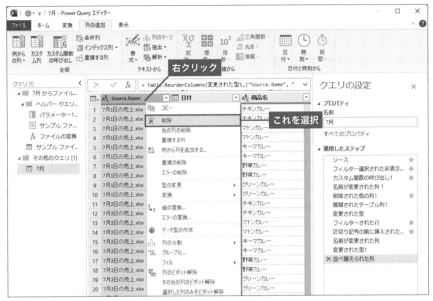

8 これで「Source.Name」の列は不要になりました。不要な列を削除するときは、「列の名前」を右クリックして「削除」を選択します。

9 これでデータ表を適切な形に整えることができました。

X 結合したデータを書き出す

データ表を整形できたら、このデータをExcelに出力します。この作業は、以下のように操作すると実行できます。

1 「Power Query エディター」の [ホーム] タブを選択します。続いて、「閉じて読み込む」のアイコンをクリックします。

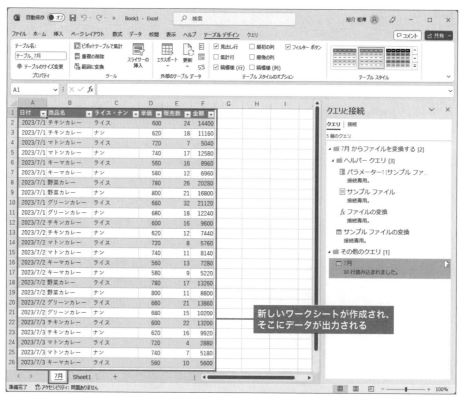

2 Excelの編集画面に戻ります。画面の左下を見ると、「7月」という名前の**ワークシート**が作成され、そこに「結合したデータ表」が**テーブル形式**で出力されているのを確認できます。

以上で、Power Queryを使ったデータ表の結合は完了です。この時点で**ファイルに保存**しておくとよいでしょう。ファイルに保存するときの操作手順は、通常のExcel操作と同じです。［ファイル］タブを選択し、「7月の売上.xslx」などの名前でファイルに保存しておきます。

X　7月全体の売上を算出する

　以降の操作手順は、通常のExcelでデータを処理する場合と同じです。ただし、データが**テーブル**として出力されていることに注意してください。テーブルの扱いに慣れていない方は、この機会にテーブルの操作方法についても学習しておくとよいでしょう。

　ここでは例として、「金額」の合計を**関数SUM**と**関数SUBTOTAL**で算出する方法を紹介しておきます。

　まずは、「金額」の列（F列）に「通貨」の表示形式を指定します。続いて、**関数SUM**を入力して「金額」の合計を算出します。このとき、合計するセル範囲を**テーブル名**と**列名**で指定することに注意してください。今回の例では、テーブル名に「テーブル_7月」、列名に「金額」という名前が定義されています。よって、以下の図のように関数SUMを記述します。

マウスを使ったセル範囲の指定

　セル範囲をマウスで指定することも可能です。たとえば、「=SUM(」の部分まで文字を入力し、「金額」の列のデータ部分だけをドラッグすると、(テーブル_7月[金額])のセル範囲を自動入力できます。また、以下の図に示した位置にマウスを移動し、 をクリックしても同様のセル範囲を自動入力できます。

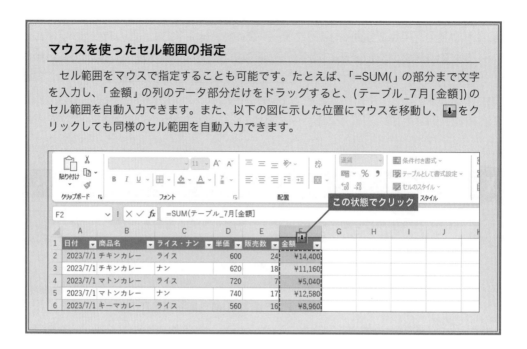

　これで「金額」の合計を算出できました。この結果を見ると、現時点（7月1日～7月3日）における「7月全体の売上」は29万5,700円である、ということを確認できます。

　フィルター機能を使ってデータを絞り込む場合に備えて、**関数SUBTOTAL**も入力しておきましょう。こちらも集計するセル範囲を**テーブル名**と**列名**で指定することに注意してください。

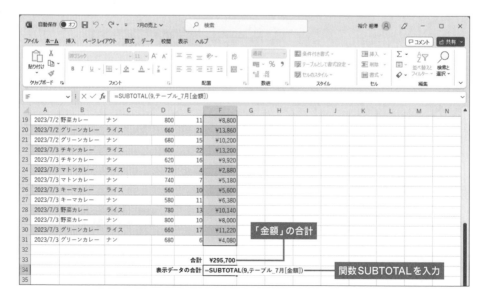

> **関数SUBTOTALとは？**
>
> 　関数SUBTOTALは、現在ワークシートに表示されているデータについてのみ「合計」や「平均」などの指標を算出できる関数です。第1引数で「どの指標を算出するか？」を指定します。今回の例のように「合計」を求める場合は、第1引数に「9」を指定します。続いて、第2引数に「集計するセル範囲」を指定します。

　これで「現在ワークシートに表示されているデータ」についてのみ合計を算出することが可能になりました。試しに、**フィルター機能**を使って「チキンカレー」のデータだけを抽出してみましょう。以下のように操作します。

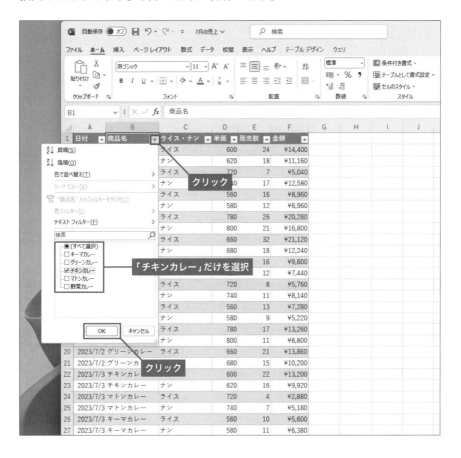

　「商品名」が「チキンカレー」のデータだけが表示され、関数SUBTOTALの結果が再計算されます。この結果を見ると、現時点における「チキンカレー」の売上は6万5,720円である、ということを把握できます。

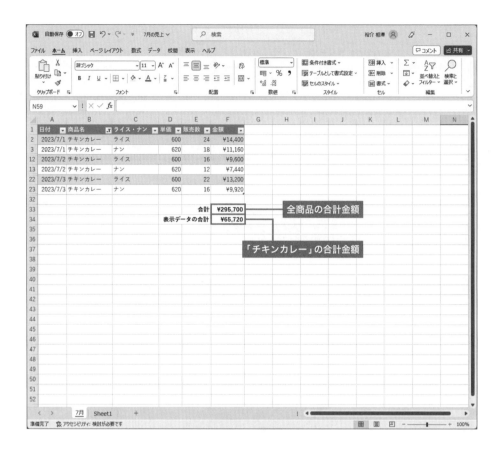

　このように、Power Queryにより自動出力されたデータをもとに、さまざまなデータ分析を行っていくことも可能です。

　なお、本書の冒頭で「Power Queryを使えば簡単！」と言っていた割には、「意外と面倒な作業が多い……」と感じた方もいるでしょう。確かに、3つ程度のファイルであればコピー＆ペーストでデータを結合した方が早いかもしれません。
　Power Queryの魅力は、「いちど指定した処理」を何回でも繰り返せることです。これがPower Queryの最大の魅力といっても過言ではありません。続いては、クエリの更新について解説していきましょう。

03 クエリの更新（自動処理の実行）

「Power Query エディター」で指定した処理内容は、何回でも繰り返して実行することが可能となっています。この作業を「更新」といいます。続いては、先ほどの例に「7月4日の売上」を追加したときの動作を紹介していきます。

X フォルダー内にファイルを追加した場合

前節で示した例では、7月1日〜7月3日の3日間についてデータを処理してきました。その後、7月4日の営業が終わり、「7月4日の売上」のファイルがフォルダーに追加されたとしましょう。

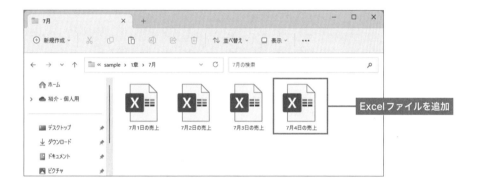

この場合、以下のように操作するだけで、7月1日〜7月4日の4日分についてデータを分析することが可能となります。

1 Power Queryを使って3日分のデータを結合したExcelファイルを開きます。

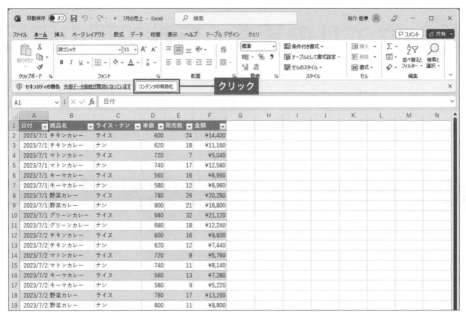

2 「外部データ接続が無効になっています」という警告が表示された場合は、[コンテンツの有効化]ボタンをクリックして、外部データへの接続を許可します。

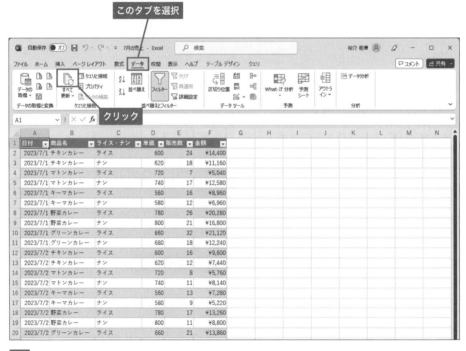

3 [データ]タブを選択し、「すべて更新」のアイコンをクリックします。

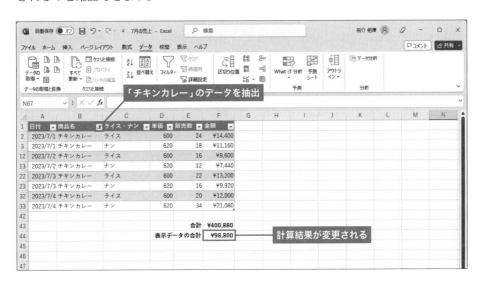

	A	B	C	D	E	F	G	H	I	J	K	L	M	N
19	2023/7/2 野菜カレー	ナン		800	11	¥8,800								
20	2023/7/2 グリーンカレー	ライス		660	21	¥13,860								
21	2023/7/2 グリーンカレー	ナン		680	15	¥10,200								
22	2023/7/3 チキンカレー	ライス		600	22	¥13,200								
23	2023/7/3 チキンカレー	ナン		620	16	¥9,920								
24	2023/7/3 マトンカレー	ライス		720	4	¥2,880								
25	2023/7/3 マトンカレー	ナン		740	7	¥5,180								
26	2023/7/3 キーマカレー	ライス		560	10	¥5,600								
27	2023/7/3 キーマカレー	ナン		580	11	¥6,380								
28	2023/7/3 野菜カレー	ライス		780	13	¥10,140								
29	2023/7/3 野菜カレー	ナン		800	10	¥8,000								
30	2023/7/3 グリーンカレー	ライス		660	17	¥11,220								
31	2023/7/3 グリーンカレー	ナン		680	6	¥4,080								
32	2023/7/4 チキンカレー	ライス		600	20	¥12,000								
33	2023/7/4 チキンカレー	ナン		620	34	¥21,080								
34	2023/7/4 マトンカレー	ライス		720	12	¥8,640								
35	2023/7/4 マトンカレー	ナン		740	11	¥8,140								
36	2023/7/4 キーマカレー	ライス		560	7	¥3,920		7月4日のデータが追加される						
37	2023/7/4 キーマカレー	ナン		580	10	¥5,800								
38	2023/7/4 野菜カレー	ライス		780	22	¥17,160								
39	2023/7/4 野菜カレー	ナン		800	13	¥10,400								
40	2023/7/4 グリーンカレー	ライス		660	16	¥10,560								
41	2023/7/4 グリーンカレー	ナン		680	11	¥7,480								
42														
43					合計	¥400,880		合計が再計算される						
44				表示データの合計		¥400,880								
45														
46														

4 「7月」のフォルダーが再読み込みされ、表に7月4日のデータが追加されます。それに合わせて、関数SUMや関数SUBTOTALの結果も再計算されます。

　これで、現時点（7月1日～7月4日）における「7月全体の売上」は40万880円である、ということを即座に確認できるようになりました。もちろん、フィルター機能を使ってデータを絞り込む、などの作業を行うことも可能です。たとえば、「チキンカレー」のデータだけを抽出すると、関数SUBTOTALの結果が再計算され、9万8,800円という結果が表示されるのを確認できます。

このように更新の作業を行うだけで、7月4日のデータを含めた形でデータ分析を行うことが可能となります。以降も、7月5日、7月6日、7月7日、……のExcelファイルを追加して、クエリを更新するだけで、現時点における「7月全体の売上」を即座に確認でききるようになります。

今回の例では、Power Queryで以下のような処理を指定しました。

    ① 「7月」のフォルダー内にあるファイルを読み込んでデータを結合する
    ② 各日の「合計を算出する行」を削除する
    ③ 「日付」の列を追加する
    ④ データの取得元を示す「Source.Name」の列を削除する
    ⑤ 整形したデータをテーブルとして出力する

これらの処理をPower Queryで指定するのは「少し面倒だ……」と感じた方もいるかもしれません。Power Queryの操作に慣れていない方は特にそう感じたでしょう。しかし、いちど処理手順を指定しておけば、同様の処理をクリックひとつで実行できるようになります。
このように、いちど指定した処理をクリックひとつで実行できることがPower Queryの最大の魅力です。Excelファイルが7月31日まで増えても手間は増えません。処理内容を少し変更するだけで、8月以降のデータについても同様の処理を行えるようになります。

今回の例では、読者の皆さんが理解しやすいように、簡単な処理をPower Queryで実現しました。このほかにも、取得した数値データをもとに計算を行う、形式が異なる表を連結する、などの処理をPower Queryで自動化することも可能です。「Power Queryを活用すると、Excel作業を大幅に効率化できる」の一例として、参考にして頂ければ幸いです。

04 出力したデータ表の扱い方

Power Queryを使って出力したデータ表は、通常のExcelデータと同じように扱えます。ただし、いくつかの注意点があることを覚えておいてください。続いては、出力したデータ表を扱うときの注意点などを解説します。

X 数式や関数の扱い

データ取得元のExcelファイルに**数式**や**関数**が記述されている場合もあると思います。たとえば、先ほど示した例では「＝単価×販売数」を計算する数式により「金額」のデータが算出されていました。また、「合計」の数値は関数SUMにより算出されていました。

▼7月1日の売上.xlsx

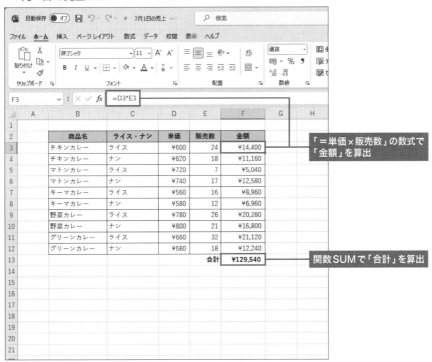

このデータ表をPower Queryに読み込むと、「金額」のデータは「＝単価×販売数」の数式ではなく、その**計算結果がデータとして読み込まれる**仕組みになっています。このため、Excelに出力されるデータも「金額」は**数値データ**として出力されます。

数値データとして出力される

このようにデータの取得元に記述されていた数式や関数は、その結果だけがデータとして Power Query に読み込まれる仕様になっています。後の Excel 作業に影響を与えるケースもあるので、間違えないように注意してください。

X 表示形式の指定

P014 の手順6で紹介したように、「Power Query エディター」には各列のデータ型を指定する機能が用意されています。この機能は、あくまでデータ型を指定するものでしかなく、データの表示方法までを指定する機能ではありません。

よって、数値データに「¥」の記号を付ける、日付の表示方法を変更する、などの操作を行うときは、データを出力した後に Excel で表示形式を指定する必要があります。

先ほど示した例では、「金額」の列に「通貨」の表示形式を指定しました（P017参照）。これ以外にも、必要に応じて表示形式を指定しておくとよいでしょう。各列の表示形式は、[ホーム]タブにあるコマンド、もしくは「セルの書式設定」で指定します。

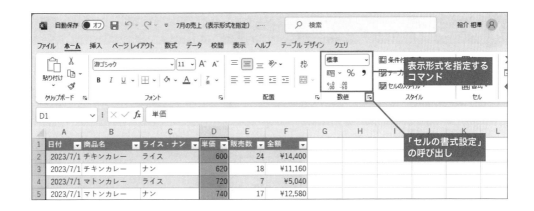

表示形式を指定する
コマンド

「セルの書式設定」
の呼び出し

このタブで表示形式を指定

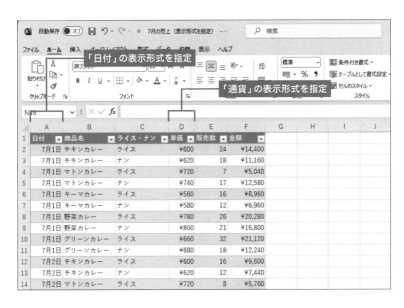

「日付」の表示形式を指定

「通貨」の表示形式を指定

Power Queryで処理したデータ表は、**テーブル**としてワークシートに出力されます。このテーブルのデザインを変更することも可能です。この場合は、以下のように操作して**テーブル スタイル**を変更します。

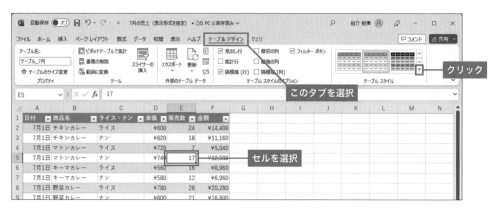

1 テーブル内にあるセルを選択し、[テーブル デザイン] タブを選択します。続いて、「テーブル スタイル」の ⏷ をクリックします。

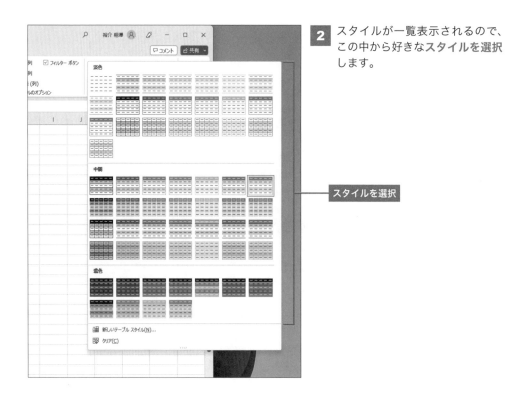

2 スタイルが一覧表示されるので、この中から好きな**スタイル**を選択します。

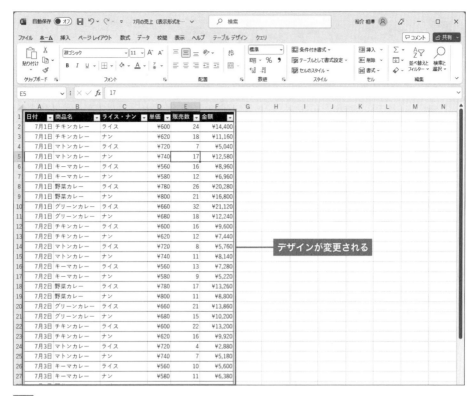

デザインが変更される

3 テーブルのデザインが変更されます。

　なお、［テーブル デザイン］タブにある「**範囲に変換**」をクリックして、テーブルを解除する（通常のセル範囲として扱う）ことも可能です。

通常のセル範囲に変換する場合

　ただし、この操作を行うとクエリ定義が削除されてしまうため、以降は「**クエリの更新**」**など**を実行できなくなることに注意してください。Power Queryを活用するときは、出力したデータ表をテーブルのまま操作していくのが基本です。

05 ステップとM言語

「Power Query エディター」で指定した処理内容は、それぞれの処理がステップとして記録される仕組みになっています。続いては、ステップの考え方と操作方法、ならびにM言語について簡単に説明しておきます。

X 「Power Query エディター」の表示

「Power Query エディター」で指定した処理内容は、**クエリ**としてExcelファイルに保存されます。クエリの内容を確認したり、処理内容を修正したりするときは、以下のように操作して「Power Query エディター」を表示します。

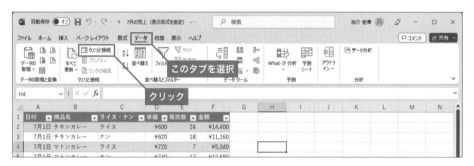

1 ［データ］タブを選択し、「クエリと接続」をクリックします。

2 ウィンドウの右側に**クエリの一覧**が表示されます。

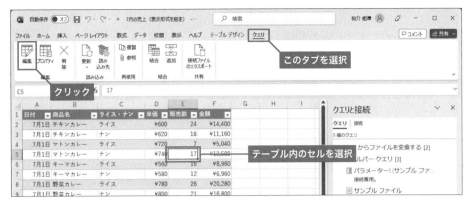

3 テーブル内にあるセルを選択すると、[**クエリ**] タブを利用できるようになります。このタブを選択し、「**編集**」をクリックします。

「Power Query エディター」が表示される

4 「Power Query エディター」が表示され、処理内容を確認したり、修正したりできるようになります。

右クリックメニューの利用

ウィンドウの右側に表示される「クエリ」を右クリックし、「編集」を選択して「Power Query エディター」を表示することも可能です。

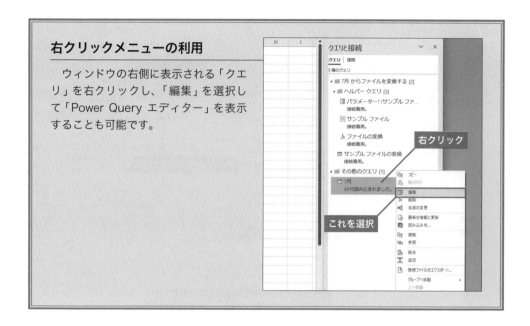

右クリック

これを選択

Ｘ ステップとは？

「Power Query エディター」で指定した処理内容は、それぞれの処理が**ステップ**として記録されていく仕組みになっています。

ステップの一覧

今回の例では、「7月」のフォルダー内にあるデータ表を結合し、その後、フィルター機能を使って「合計の行」を削除する処理を指定しました。この処理に該当するステップが「フィルターされた行」です。それより前にあるステップは、複数のデータ表を結合するためにPower Queryが自動登録したステップとなります。

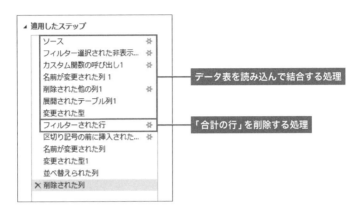

　試しに、1つ前のステップとなる「変換された型」を選択してみると、「合計の行」を削除する前の状態に画面表示が変化するのを確認できます。

続いて、「**フィルターされた行**」のステップを選択すると、「**合計の行**」が削除されるのを確認できます。

「合計の行」が削除される

このように各ステップをクリックして選択することで、**その処理を行った直後の状況を**画面で確認できるようになっています。

X ステップの操作

今度は「**区切り記号の前に挿入された...**」のステップを選択してみましょう。このステップは、新しい列を追加して「**日付のデータ**」を作成する処理となります。

日付のデータが作成される

今回の例では「の」を区切り記号に指定し、その前にある文字データを抽出したため、「区切り記号の前に挿入された...」という少しわかりにくいステップ名になっています。

このような場合は、**ステップ名を変更**しておくと、後から見たときに状況を把握しやすくなります。ステップ名を変更するときは、そのステップを**右クリック**し、「**名前の変更**」を選択します。

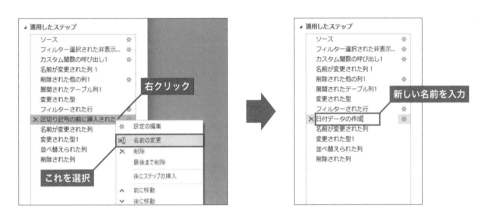

また、右端に ✱ が表示されているステップは、その処理の**設定画面を呼び出す**ことが可能となっています。

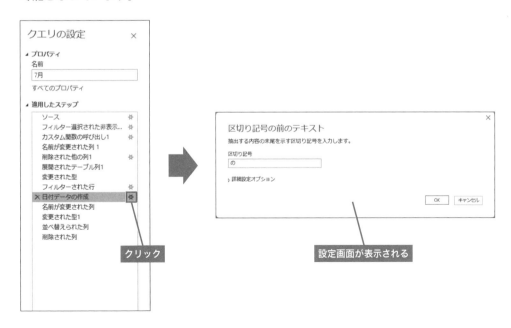

もちろん、この画面で設定を修正することも可能です。今回の例では、設定を変更する必要がないため、そのまま画面を閉じます。

ステップ名の左に表示される のアイコンは、不要な**ステップを削除**するときに使用します。たとえば、「**フィルターされた行**」のステップを削除すると、「合計の行」を削除しない状態のまま以降のステップが適用されるようになります。

ただし、後の処理に影響を与えるステップを削除してしまうと、エラーが発生することに注意してください。たとえば、「日付データの作成」のステップを削除すると、その次のステップ（名前が変更された列）で「列の名前」を変更する処理が行えなくなるため、エラーが発生します。ステップを削除するときは十分に注意してください。

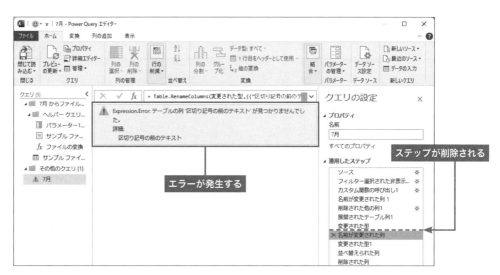

　ステップの削除がよく使われるのは、**最後に指定した処理を取り消す場合**です。「Power Query エディター」では、直前の操作を取り消す[**Ctrl**]＋[**Z**]キーが使えません。よって、間違った処理を指定してしまったときは、最後のステップを削除することで直前の操作（処理の指定）を取り消します。

そのほか、**ステップ名を上下にドラッグして**処理の順番を並べ替えることも可能となっています。

　ただし、処理内容によってはエラーが発生する場合があることに注意してください。たとえば、「日付データの作成」を下へ移動すると、その次のステップ（名前が変更された列）で「列の名前」を変更できなくなるため、エラーが発生してしまいます。

ステップの挿入

　途中にあるステップを選択した状態で、新たに「Power Query エディター」で処理を指定すると、その処理は「最後のステップ」ではなく、「選択しているステップの直後」に挿入されます。一番最後に処理を追加したいときは、「最後のステップ」を選択した状態で処理内容を指定しなければいけません。注意するようにしてください。

X 「Power Query エディター」の終了

　続いては、「Power Query エディター」を終了するときの操作手順を紹介していきます。「Power Query エディター」を終了するときは、ウィンドウの右上にある X をクリックします。

　すると、以下のような確認画面が表示されるので、いずれかのボタンをクリックして作業を進めていきます。

いずれかをクリック

　[保持]ボタンをクリックした場合は、クエリの修正内容を保持したまま「Power Query エディター」が終了されます。といっても、この時点でExcelファイルに保存される訳ではありません。保持が有効になるのは「Excelファイル」を閉じるまでの間だけです。クエリの修正内容をExcelファイルに反映させるには**上書き保存**を実行しておく必要があることに注意してください。

　一方、[破棄]ボタンをクリックした場合は、「Power Query エディター」で修正した内容が破棄され、クエリが元の状態に戻ります。要するに、[破棄]ボタンは、今回の作業を"なかったこと"にして「Power Query エディター」を閉じる方法となります。先ほど解説した、ステップ名の変更、ステップの削除、並べ替えなどの操作をテストする場合にも活用できるでしょう。

　ちなみに、[キャンセル]ボタンは、「Power Query エディター」を閉じる操作そのものをキャンセルするときに利用します。

X ステップとM言語

Power Queryにより実行される処理内容は、**M言語**とよばれる言語で記述されています。各ステップに対応するM言語の記述は**数式バー**を見ると確認できます。

数式バーの表示

「Power Query エディター」に数式バーが表示されていない場合は、[表示] タブを選択し、「数式バー」をONにすると、数式バーを表示できます。

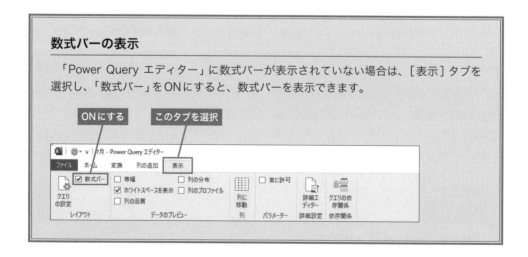

たとえば、これまでに紹介してきた例の最初のステップとなる「**ソース**」を選択すると、「= Folder.Files("C:\sample\1章\7月")」というM言語が記述されているのを確認できます。

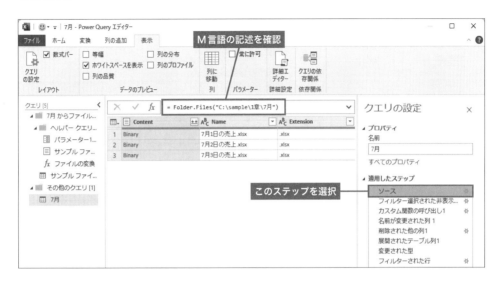

　これは、Cドライブの「sample」→「1章」→「7月」のフォルダー内にあるデータを取得する、という処理になります。M言語の記述方法を知らなくても "C:\sample\1章\7月" がフォルダーの位置を示す**パス**であることは理解できる思います。

　もちろん、M言語の記述を自分で修正して処理内容を変更することも可能です。たとえば、「7月」の部分を「8月」に変更すると、Cドライブの「sample」→「1章」→「8月」のフォルダー内にあるデータを取得する、という処理内容にカスタマイズできます。

サンプルファイルのパス

　本書で紹介したサンプルは、以下のURLからダウンロードできます。Power Query の使い方を学習する際に活用してください。

　　https://cutt.jp/books/978-4-87783-542-2/

　ただし、ダウンロードした「sample」フォルダーを「Cドライブの直下」に配置する必要があることに注意してください。異なる場所に「sample」フォルダーを配置すると、パスが正しく認識されないため、エラーが発生してしまいます。「sample」フォルダーを別の場所に配置するときは、自分でパスを修正してからPower Query の動作を確認するようにしてください。

他のステップについても見ていきましょう。たとえば、「フィルターされた行」を選択すると、「= Table.SelectRows(変更された型, each ([販売数] <> "合計"))」というM言語が記述されているのを確認できます。幅が狭くて全体を確認できないときは、数式バーの右端にある✓をクリックすると、M言語を折り返して表示できます。

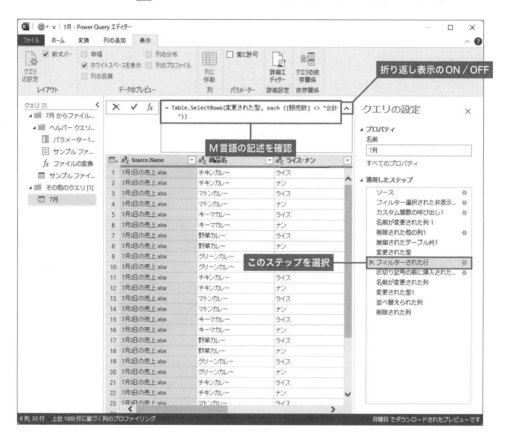

　この記述は、「変更された型」というテーブルの[販売数]が"合計"以外の行だけを表示する、という処理になります。その結果、「合計の行」が削除されることになります。

　今度は「削除された列」のステップを選択してみましょう。すると、数式バーに「= Table.RemoveColumns(並べ替えられた列,{"Source.Name"})」というM言語が表示されるのを確認できます。

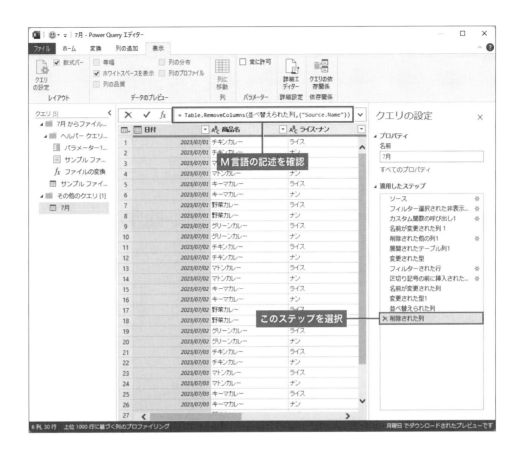

　この記述は、「並べ替えられた列」というテーブルから"Source.Name"の列を削除する、という処理になります。

　このように各ステップの処理内容は、M言語で記述される仕組みになっています。とはいえ、「M言語の知識が絶対に必須」という訳ではありません。「Power Queryエディター」に用意されているコマンドを操作していくだけで自動的にM言語が記述されるため、M言語を知らない方でも十分にPower Queryを使用できます。

　「7月」→「8月」のように設定値を変更するだけなら、M言語に詳しくなくても十分に対応できると思います。もっと高度なカスタマイズを施したいときに初めて、M言語の勉強が必要になる、と捉えておいてください。

　ちなみに、各処理のテーブル名は、「直前のステップで作成されたテーブル」が自動的に引き継がれる仕組みになっています。このため、「直前のステップ名」がそのまま「テーブル名」として記述されているのが一般的です。

X 詳細エディターの表示

　「Power Query エディター」の［表示］タブを選択し、「**詳細エディター**」をクリックすると、各ステップの処理をつなげた**M言語の全体の記述**を確認できます。

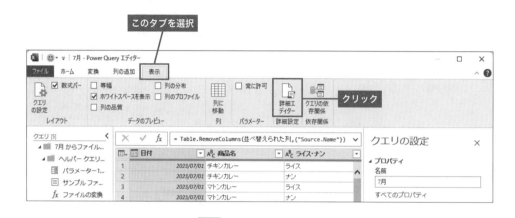

　このエディターを使って処理内容（M言語）をカスタマイズしていくことも可能です。ただし、少し上級者向けの機能になるため、最初は「参考程度に確認しておく」といった程度の使い方で構いません。

なお、各ステップの記述が長くて読み取りづらい場合は、「**表示オプション**」の「**ワードラップを有効にする**」をONにすると、各行を折り返して表示できます。

06 エラーの対処法

クエリを更新しようとしたときに、エラーが発生してしまうケースもあります。続いては、エラーが表示されたときの対処方法、ならびに注意すべきポイントについて簡単に解説しておきます。

X フォルダー名を変更した場合

Power Queryを活用していると、エラーに遭遇してしまうケースもあります。ひとつ具体的な例を紹介しておきましょう。たとえば、これまでに紹介してきた例で「7月」のフォルダー名を「2023年7月」に変更したとします。

7月 → 2023年7月 ―― フォルダ名を変更

この状態でPower Queryを記録したExcelファイルを開き、クエリの更新を実行すると、「7月」のフォルダーが見つかりません、というエラーが表示されます。

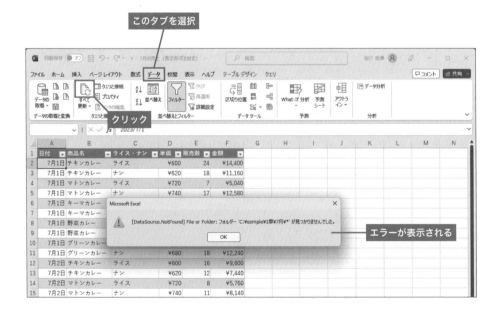

このように、クエリを更新しようとしたときにエラーが発生するケースもあります。こういった事態に備えて、エラーが表示されたときの対処方法を紹介しておきます。先ほど示した例の場合、Power Query（M言語）でもフォルダー名を「7月」→「2023年7月」に変更しておく必要があります。この作業は、以下のように操作すると実行できます。

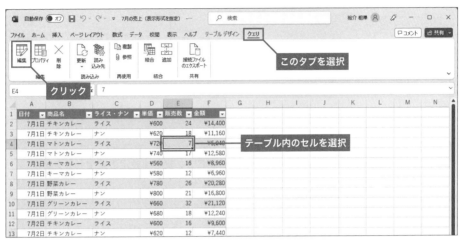

1 テーブル内にあるセルを選択します。続いて、[クエリ] タブを選択し、「編集」をクリックします。

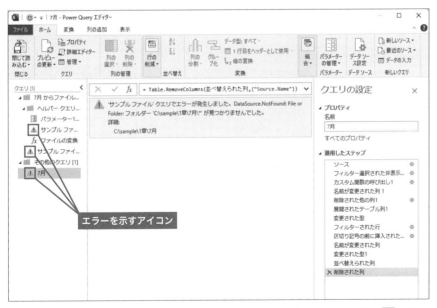

2 「Power Query エディター」が起動し、エラーが発生している部分に ⚠ のアイコンが表示されます。

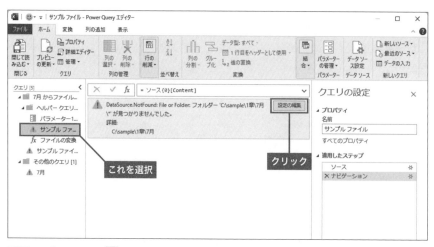

3 まずは、最初に ⚠ が表示されている「**サンプル ファイル**」を選択します。すると、エラーの内容を示す警告文が表示されます。ここにある [**設定の編集**] ボタンをクリックします。

4 「C:\sample\1章\7月」のフォルダーが見つかりませんでした、というエラーであることは確認できますが、ここでは設定を修正できません。よって、[**キャンセル**] ボタンをクリックして画面を閉じます。

5 ［設定の編集］ボタンで修正できないときは、詳細エディターを使って設定を修正します。［表示］タブを選択し、「詳細エディター」をクリックします。

6 詳細エディターが表示され、参照するフォルダーのパスを修正できるようになります。

7 今回の例では「7月」のフォルダー名を「2023年7月」に修正し、［完了］ボタンをクリックします。

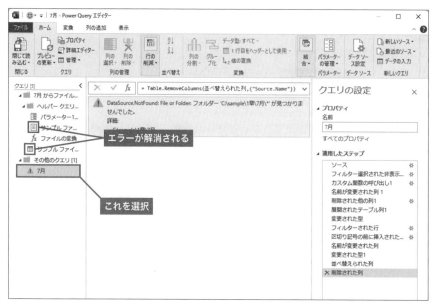

8 エラーが解消され、⚠ が表示されなくなります。ただし、まだ ⚠ が残っている部分があります。今度は「7月」を選択します。

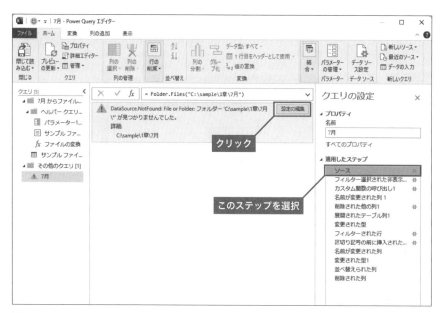

9 こちらも「詳細エディター」でパスを修正することが可能ですが、別の方法を紹介しておきましょう。データの取得元を指定する**「ソース」のステップ**を選択し、**[設定の編集]**ボタンをクリックします。

10 今回は、このような設定画面が表示されました。ここでフォルダーのパスを直接修正することが可能です。

11 「7月」のフォルダー名を「2023年7月」に修正し、[OK]ボタンをクリックします。

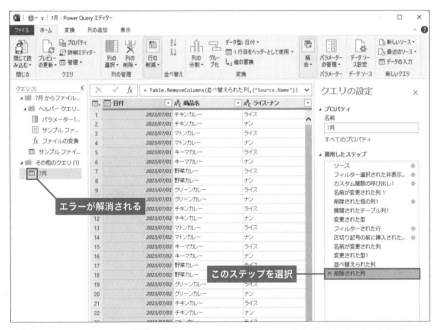

12 これでエラーを示す ⚠ は表示されなくなりました。「削除された列」を選択して最後のステップまで処理を進めます。

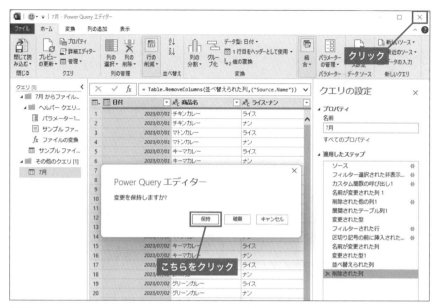

13 正しく処理されていることを確認できたら ⊠ をクリックして「Power Query エディター」を閉じます。その後、[保持]ボタンをクリックし、今回の修正内容をクエリに反映させます。

以上で、クエリの修正は完了です。Excelに戻って**クエリの更新**を実行してみると、今度はエラーが発生しないで、正しくデータの更新が行われることを確認できます。

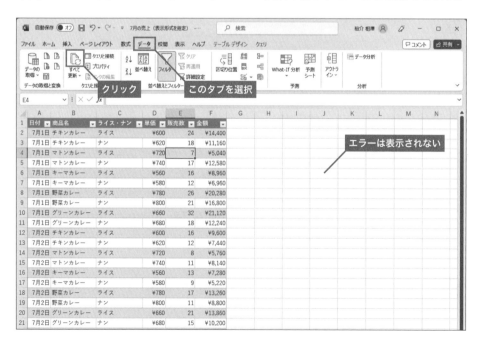

このように、エラーが発生したときは「Power Query エディター」を開いて、⚠ が表示されている部分を修正していくのが基本です。ただし、エラー状況に応じて実際の操作手順はケース by ケースになるため、一概には説明できません。以降に、いくつかの例を紹介しておくので、そちらも参考してください。

修正後は「上書き保存」が必要

P039でも解説したように、「Power Query エディター」を閉じるときに [保持] ボタンをクリックしても、その修正内容はExcel ファイルに保存されません。修正したクエリをファイルに保存するには、上書き保存を実行しておく必要があります。

逆に考えると、上書き保存しないでExcel ファイルを閉じると、今回の修正を "なかったこと" にできることになります。こちらは、Power Query の動作をテストする場合に利用できます。「保持」と「保存」の違いをよく理解し、上手に活用するようにしてください。

X 列の名前（フィールド名）が変更された場合

続いては、列の名前（フィールド名）を変更したときに発生するエラーについて紹介します。たとえば、「7月1日の売上」のExcel ファイルで、「単価」の文字が「価格」に変更されていた場合を見ていきましょう。

▼7月1日の売上.xlsx

	A	B	C	D	E	F	G	H	I
1									
2		商品名	ライス・ナン	価格	販売数	金額			
3		チキンカレー	ライス	¥600	24	¥14,400			
4		チキンカレー	ナン	¥620	18	¥11,160			
5		マトンカレー	ライス	¥720		「単価」を「価格」に変更			
6		マトンカレー	ナン	¥740	17	¥12,580			
7		キーマカレー	ライス	¥560	16	¥8,960			
8		キーマカレー	ナン	¥580	12	¥6,960			
9		野菜カレー	ライス	¥780	26	¥20,280			
10		野菜カレー	ナン	¥800	21	¥16,800			
11		グリーンカレー	ライス	¥660	32	¥21,120			
12		グリーンカレー	ナン	¥680	18	¥12,240			
13					合計	¥129,540			
14									
15									
16									
17									

このような場合もエラーが発生してしまいます。今回は［クエリ］タブにある「更新」をクリックしてみましょう。このコマンドでも**クエリの更新**を実行することが可能です。すると、「'単価'が見つかりませんでした」というエラーが表示されました。

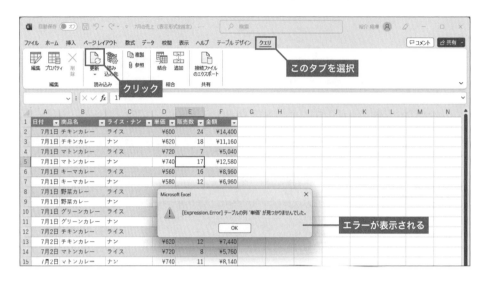

　このエラーは、「単価」の列がないため正しく処理を実行できなかった、ということを示しています。これを解消するには、Power Query でも「単価」の列名を「価格」に修正しておく必要があります。

　「編集」をクリックして「Power Query エディター」を開くと、今回は以下の図のように［エラーに移動する］ボタンが表示されました。このボタンをクリックします。

すると、「エラーが発生しているステップ」が自動選択されます。今回の例では、「変更
された型」のステップが自動選択されました。このステップでは、各列のデータ型を識別
する処理を行っていますが、「単価」の列が見つからないためエラーが発生しています。
「7月1日の売上」のExcelファイルと同様に、「単価」の列名を「価格」に修正します。

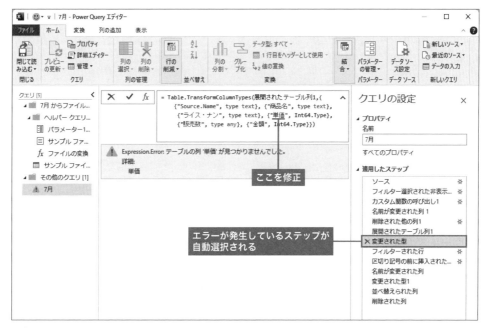

ここを修正

エラーが発生しているステップが
自動選択される

「価格」に修正

エラーが解消され、現ステップの処理を行った直後の状況が表示されます。ただし、⚠️のアイコンはまだ表示されたままです。これは、他のステップにもエラーが発生していることを示しています。とりあえず、最後のステップを選択します。

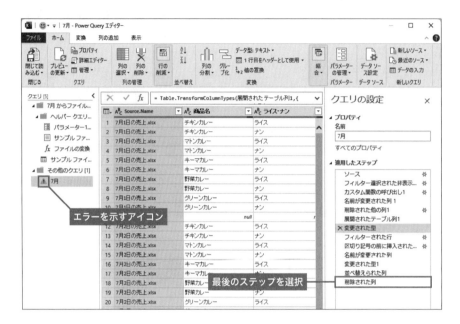

　再び［エラーに移動する］ボタンが表示されるので、これをクリックします。

今度は「並べ替えられた列」のステップが自動選択されました。このステップでは、列を並べ替える処理を行っていますが、「単価」の列が見つからないためエラーが発生しています。こちらも数式バーで「単価」を「価格」に修正します。

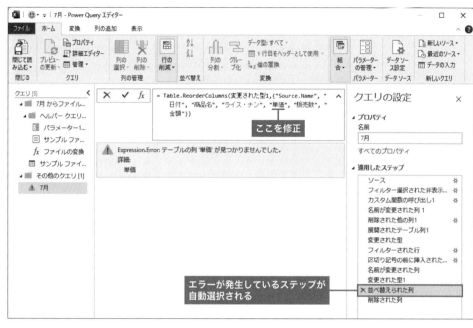

これで⚠️のアイコンは表示されなくなりました。よって、すべてのエラーを解消できたことになります。

このように [エラーに移動する] ボタンが表示される場合もあります。この場合、ボタンをクリックするだけで「エラーが発生しているステップ」へ移動することが可能です。便利に活用できるので、ぜひ覚えておいてください。

これでPower Queryのエラーは解消できましたが、今回の例においては、根本的な問題が解決されていないことに注意しなければいけません。というのも、「最後のステップ」を選択してデータをよく確認してみると、7月2日以降の「価格」がnullになっていることに気付くと思います。

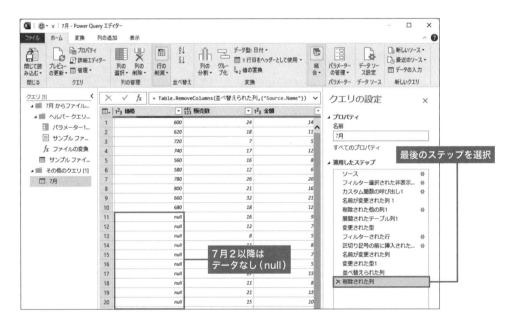

nullは空データであることを示したもので、前ページに示した図の場合、7月2日以降の「価格」がデータなしとして出力されます。このような結果になるのは、7月2日以降のExcelファイルに原因があります。これらのファイルはフィールド名が「単価」のまま変更されていません。つまり、「価格」という列は存在しないため、そのデータは"なし"として処理されます。

この不具合を解消するには、7月2日以降のExcelファイルでも「単価」→「価格」の修正を行わなければなりません。でも、これは少し面倒な作業といえます。「7月1日の売上」のExcelファイルを、元の「単価」に戻した方が簡単です。この場合、Power Queryの記述を修正する必要はありません。

複数のファイルを結合するときは、各ファイルでフィールド名（列の見出し）を統一しておくのが基本です。フィールド名が異なる場合は、データを正しく結合できないことに注意してください。

X データ型が一致しない場合

続いては、新たに「7月5日の売上」のExcelファイルをフォルダーに追加した例を紹介します。なお、この日はキーマカレーの販売を中止したため、その部分には「販売なし」という文字列データが入力されています。

▼7月5日の売上.xlsx

商品名	ライス・ナン	単価	販売数	金額
チキンカレー	ライス	¥600	26	¥15,600
チキンカレー	ナン	¥620	28	¥17,360
マトンカレー	ライス	¥720	18	¥12,960
マトンカレー	ナン	¥740	12	¥8,880
キーマカレー	ライス	¥560	販売なし	販売なし
キーマカレー	ナン	¥580	販売なし	販売なし
野菜カレー	ライス	¥780	12	¥9,360
野菜カレー	ナン	¥800	9	¥7,200
グリーンカレー	ライス	¥660	14	¥9,240
グリーンカレー	ナン	¥680	10	¥6,800
			合計	¥87,400

データは「販売なし」

この状態で**クエリの更新**を実行しても特にエラーは表示されず、7月5日のデータが追加されることを確認できました。

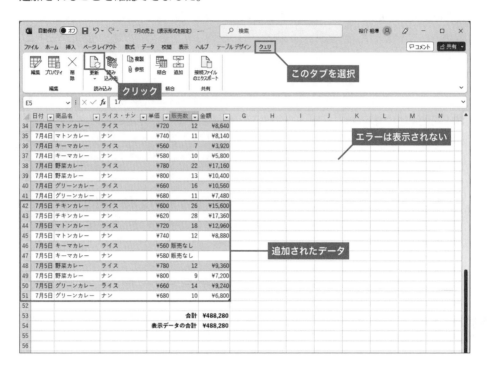

念のため、「編集」をクリックして「Power Query エディター」を開いてみましょう。すると、「金額」の下に斜線が表示されているのを確認できます。この斜線は、この列でエラーが生じていることを示しています。

画面を下へスクロールしていくと、「販売なし」のデータがErrorという表記になっているのを確認できます。一方、「販売数」の列は「販売なし」の文字列データがそのまま表示されています。

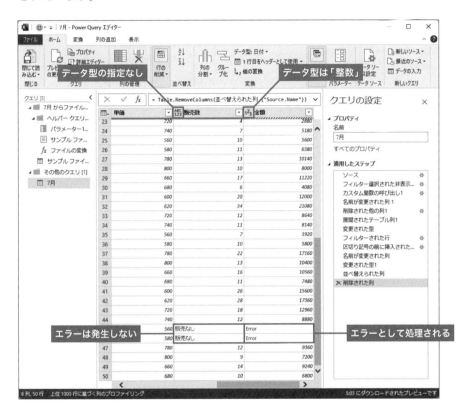

　このようにエラーの有無が変化するのは、各列に指定されている**データ型**に原因があります。「販売数」の列はデータ型が指定されていないため、あらゆるデータを扱うことができます。一方、「金額」の列には「**整数**」のデータ型が指定されているため、整数以外のデータはErrorとして処理されます。

　今回の例では、データがErrorであっても特に大きな問題は生じていませんが、状況によってはトラブルの原因になってしまうケースがあります。特に、データを使って計算を行っている場合は注意が必要です。念のため、エラーを解消する方法を紹介しておきましょう。この方法は大きく分けて２種類あります。

ひとつ目の方法は、「Errorを含む行」を表から削除してしまう方法です。この場合は、「列の名前」を右クリックして「エラーの削除」を選択します。

　すると、「Errorを含む行」が削除され、エラーを示す斜線は表示されなくなります。なお、この処理は「削除されたエラー」としてステップに追加される仕組みになっています。

※「削除されたエラー」のステップを削除すると、「Errorを含む行」を削除する前の状態に戻すことができます。

ふたつ目の方法は、Errorを「指定した値」に置き換える方法です。この場合は、「列の名前」を右クリックして「エラーの置換」を選択します。続いて、置換後の値を入力し、[OK]ボタンをクリックします。

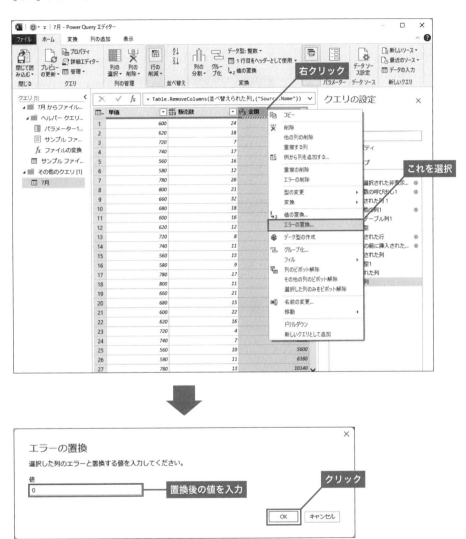

すると、Errorのデータが「指定した値」に置き換えられ、エラーを示す斜線は表示されなくなります。こちらの処理は「置換されたエラー」としてステップが追加される仕組みになっています。

※「置換されたエラー」のステップを削除すると、Errorを置換する前の状態に戻すことができます。

　なお、これらの対処法はPower Queryの出力結果にのみ影響を与えるもので、**取得元の Excelファイルのデータを書き換える機能ではありません**。今回の例の場合、「7月5日の 売上」のExcelファイルは「販売なし」のままデータが維持されています。

　このように、**データ型の不一致**が原因でエラーが生じてしまうケースもあります。その 対処方法は状況に応じてケース by ケースになるので、どのように対処するかは各自で判 断するようにしてください。

　理想を言えば、データ型の不一致が生じないように、取得元のExcelファイルでデータ を修正しておくのが基本といえます。でも、それが難しいケースもあるでしょう。このよう な場合は、「Errorが生じているデータを削除する」、もしくは「適切な値に置き換える」 のいずれかの方法でErrorを解消します。念のため、覚えておいてください。

　最後に、エラーを発生させないためのポイントを簡単にまとめておきます。Power Queryを使用するときは、以下の点に注意する必要があります。

・**フォルダー名、ファイル名**が変更されていないか？
・**フィールド名（列の見出し）**が変更されていないか？

　これらが変更されると、「M言語に記述されている名前」と「実際のフォルダー名、ファイル名、列の名前」が一致しなくなるためエラーが発生します。その対処法は、「Power Query エディター」を開いてM言語の記述を修正する、もしくはフォルダー名、ファイル名、フィールド名を元に戻す、となります。

　また、**データ型の不一致**が原因でエラーが発生するケースもあります。この場合、データ型が一致するように取得元のExcelファイルを修正するのが基本的な対処法となります。それが難しい場合は、「Power Query エディター」でErrorを含む行を削除する、もしくはErrorを適切な値に置き換える、となります。

　状況によっては他の原因でエラーが発生するケースもありますが、初めてPower Query を使う方が犯しやすいミスとして、参考にして頂ければ幸いです。

第2章

データ表の読み込みと
行、列の操作

■■■

ここからは、Power Query の各機能の使い方を解説していきます。第 2 章では、データ表を読み込む方法、加工したデータ表を出力する方法、行や列を処理するときの基本操作などについて解説します。

07 データ表の読み込み

Power Queryを使用するには、最初に「データ表の読み込み」を行う必要があります。
Power Queryは、Excelファイルだけでなく、CSVやPDF、Webページからのデータ
読み込みにも対応しています。

X Power Queryが記録されるExcelファイル

　データ表の読み込み方法を説明する前に、**Power Queryが記録されるExcelファイル**に
ついて補足しておきます。本書のP002でPower Queryの概念図を示しましたが、この図は
少し誤解を招く表現であったかもしれません。というのも、Power Queryが独立した存在
として描かれているからです。

　実際の概念図は以下のような形になります。「Power Query エディター」で指定した処
理（**クエリ**）は、データの出力先となるExcelファイルに記録される仕組みになっています。

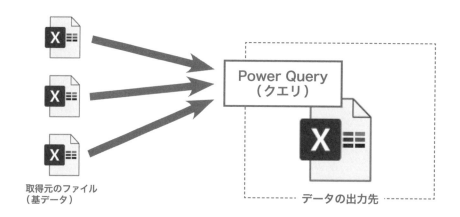

　第1章では「**空白のブック**」を作成し、そこに「各日の売上データ」を結合する例を紹介
しました。この場合、「空白のブック」にクエリが記録されます。そして、このブックを
ファイルに保存した時点で初めて、「出力したデータ表」と「クエリ」がExcelファイルに
保存されます。ファイルに保存しないで終了した場合は、「出力したデータ表」だけでなく、
作成した「クエリ」も破棄されることに注意してください。

　また、Power Queryを使ってデータを処理しても、その取得元となる**基データは変更さ
れない**、ということも覚えておく必要があります。Power Queryにより加工されるのは
「出力先のデータ」だけで、その基データにまで影響を及ぼすことはありません。

■ 取得元のファイル（基データ）

・Power Query によりデータが読み込まれるだけ

・基本的に修正、削除などのデータ変更は行われない

■ データ表の出力先（Excel ファイル）

・ここで Power Query の処理内容（クエリ）を指定する

・Power Query により加工したデータ表は、ここに出力される

つまり、Power Query に関連する操作は「データ表の出力先」となる Excel で指定することになります。この Excel は「空白のブック」でも構いませんし、すでにデータが保存されている「Excel ファイル」でも構いません。

最初のうちは、間違って重要なデータを削除してしまわないように「空白のブック」を作成して、そこで Power Query の使い方を学習していくとよいでしょう。

X Excel ファイルの読み込み

それでは、データ表を読み込むときの操作手順を解説していきましょう。まずは、Excel ファイルを読み込んで Power Query で処理していくときの操作手順を解説します。ここでは、「**会員名簿.xlsx**」という Excel ファイルを読み込む場合を例に、具体的な操作手順を解説します。

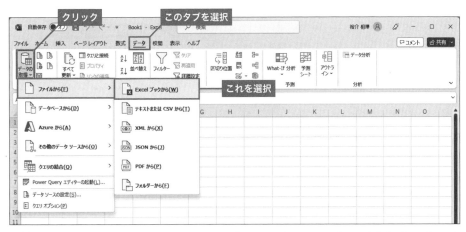

1 データ表の出力先となる Excel（空白のブックなど）を開き、[**データ**] タブを選択します。続いて、「**データの取得**」をクリックし、「**ファイルから**」→「**Excel ブックから**」を選択します。

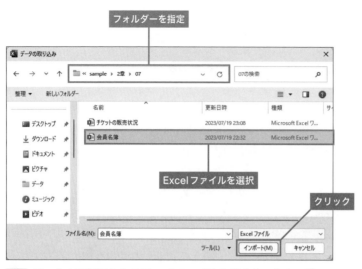

フォルダーを指定

Excel ファイルを選択

クリック

2 データの取得元となる**Excel ファイル**を指定し、[インポート]ボタンをクリックします。

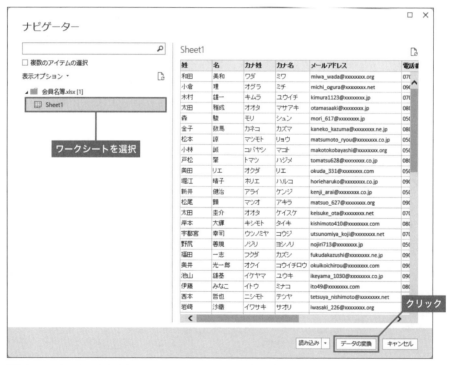

ワークシートを選択

クリック

3 このような画面が表示されるので、データ表を読み込む**ワークシート**を選択し、[データの変換]ボタンをクリックします。

「Power Query エディター」にデータ表が読み込まれる

4 「Power Query エディター」が起動し、読み込まれたデータ表が画面に表示されます。

以降は、用途に合わせて「Power Query エディター」でデータ表を加工していきます。これがPower Queryを使用するときの最初の操作になります。

なお、手順3の画面にある［読み込み］ボタンは、「Power Query エディター」を経由しないで、そのままデータ表をExcelに出力するときに使用します。

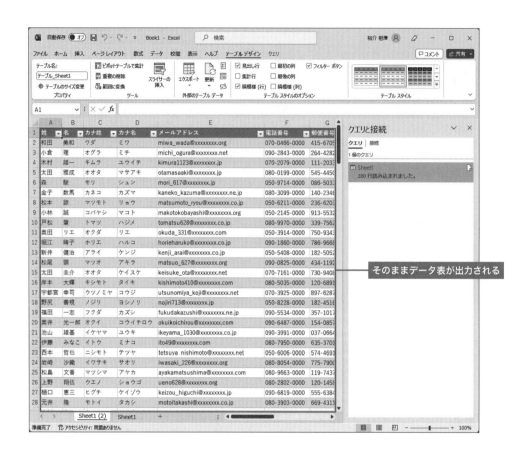

この場合、読み込んだデータ表を「Power Query エディター」で加工できなくなってしまいます。よって、[読み込み] ボタンを使う機会は滅多にないのが実情です。手順3の画面では、[データの変換] ボタンをクリックするのが基本と覚えておいてください。

X 読み込まれる範囲

続いては、Power Query で読み込まれる**データ表の範囲**について説明しておきます。たとえば、同じワークシートに3個の表が作成されているExcelファイルがあったとしましょう。

▼チケットの販売状況.xlsx

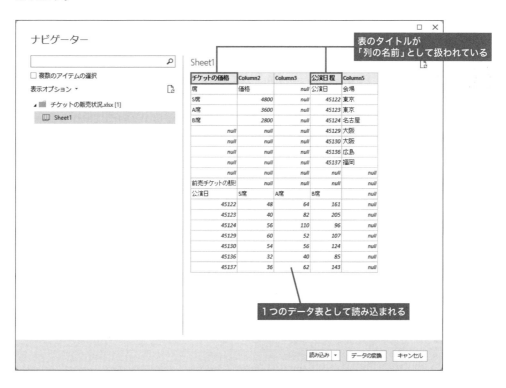

3個の表が作成されている

このExcelファイルを前述した手順で読み込むと、以下のような形式でデータが読み込まれます。

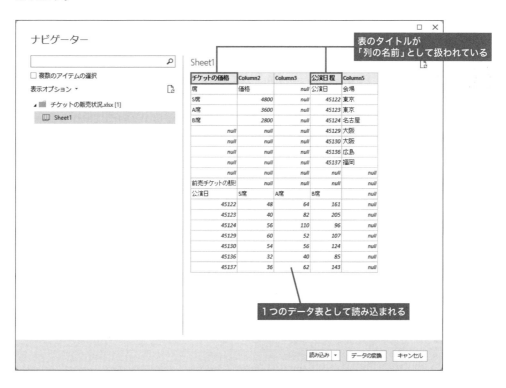

表のタイトルが
「列の名前」として扱われている

1つのデータ表として読み込まれる

ワークシートの「上端にある空白行」や「左端にある空白列」は無視されますが、それ以外は**全体が1つの表**としてデータが読み込まれます。このため、非常に扱いにくいデータ表になってしまいます。また、表のタイトルが「**列の名前**」として扱われる、などの不具合も発生します。

　これらの不具合を解消するには、不要な行／列を削除する、「列の名前」を適切に設定しなおす、といった処理を「Power Query エディター」で指定しなければなりません。

　こういった手間を考えると、Power Query で読み込むデータ表は、それぞれのワークシートに1つだけ作成しておくのが基本といえます。後の加工処理により不要な部分を削除することも可能ですが、そのぶん余計な手間がかかります。いずれにせよ、以下のいずれかの作業を行う必要があります。

・あらかじめ基データを適切な形に修正しておく
・読み込んだデータから不要な部分を削除して適切な形に加工する

　このあたりの処理方法は、状況に応じて最適な方法を採用するようにしてください。そのほか、次項で示す方法で「指定したセル範囲」についてのみデータを読み込む方法もあります。

X　テーブルまたは範囲からの読み込み

　Excelの［データ］タブには、「**テーブルまたは範囲から**」というコマンドも用意されています。このコマンドを使うと、「指定したセル範囲」のデータだけをPower Query に読み込むことが可能となります。

　なお、このコマンドは、別のExcelファイルではなく、自身のExcelファイルからデータを読み込む機能となることに注意してください。つまり、「**データの取得元**」と「**データ表の出力先**」が同じExcelファイルになります。

　具体的な操作手順を紹介しておきましょう。「テーブルまたは範囲から」を使ってデータを読み込むときは、以下のように操作します。

1 基データが保存されている Excel ファイルを開き、[データ] タブにある「テーブルまたは範囲から」をクリックします。

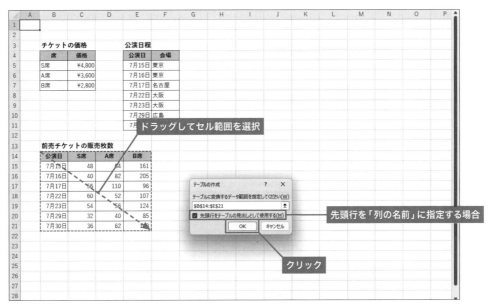

2 読み込むセル範囲を指定し、必要に応じて「先頭行をテーブルの見出しとして使用する」を ON にします。その後、[OK] ボタンをクリックします。

取得元に指定したセル範囲の扱い

　上記の操作を行うと、「データの取得元に指定したセル範囲」が自動的にテーブルに変換されます。

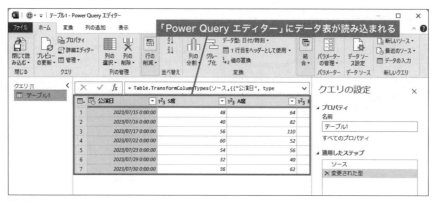

「Power Query エディター」にデータ表が読み込まれる

3 「Power Query エディター」が起動し、読み込まれたデータ表が画面に表示されます。

　その後、用途に合わせてデータを加工し、「**閉じて読み込む**」をクリックすると、新しいワークシートが作成され、そこにデータ表がテーブルとして出力されます。今回は特にデータを加工せずに、そのまま出力した例を紹介しておきます。

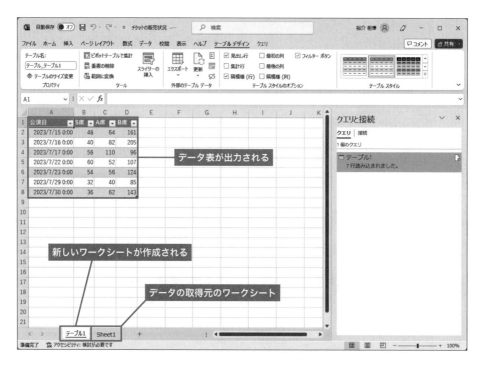

データ表が出力される

新しいワークシートが作成される

データの取得元のワークシート

　このように1つのExcelファイル内で完結するPower Queryの使い方もあります。今回の例ではデータを何も加工していないため、「何の意味があるの？」と思うかもしれませんが、使い方によっては便利に活用できる場面もあります。

たとえば、不要なデータを削除して見やすくする、データを分割／結合する、データを
もとに計算を行う、複数の表を連携させたデータ表を作成する、といった場合に前述した
方法が活用できます。

　もちろん、これらの処理は通常のExcelでも行えますが、関数を駆使する必要があったり、
手間のかかる作業を強いられたりする可能性があります。Excelだけで実行できる処理内
容であっても、「Power Queryを使った方が簡単！」というケースは多々あります。その
ほか、「基のデータ表をそのまま維持しておきたい」（勝手に加工してはいけない）とい
うケースもあるでしょう。

　このような場合にPower Queryを活用すると、基のデータ表を維持したまま、最適な形
に加工した表（テーブル）を手軽に作成できるようになります。基のデータ表が修正され
ても問題はありません。**クエリの更新**を行うだけで、最新状況に合わせた「加工済みのデー
タ表」を即座に得ることができます。

　まだPower Queryの使い方を説明している途中なので、具体的なイメージが思い浮かば
ないかもしれませんが、「Power Queryを使うことで時短になる作業が沢山ある」という
ことを認識しておいてください。Power Queryを学習する意欲も高まると思います。

X CSVファイルの読み込み

　Power Queryは、**Excel以外のデータ読み込み**にも対応しています。たとえば、社内シ
ステムやWebからダウンロードしたデータがCSV形式のファイルであった場合は、以下
のように操作してデータ表を読み込みます。

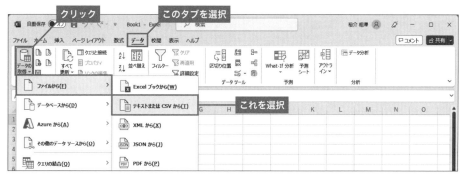

1 Excelを起動し、［データ］タブを選択します。続いて、「データの取得」をクリックし、
　「ファイルから」→「テキストまたはCSVから」を選択します。

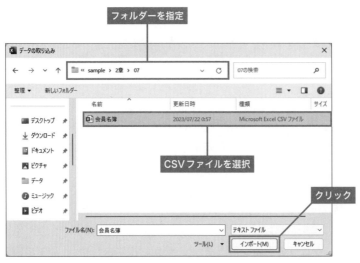

フォルダーを指定

CSVファイルを選択

クリック

2 データの取得元となる**CSVファイル**を指定し、［**インポート**］ボタンをクリックします。

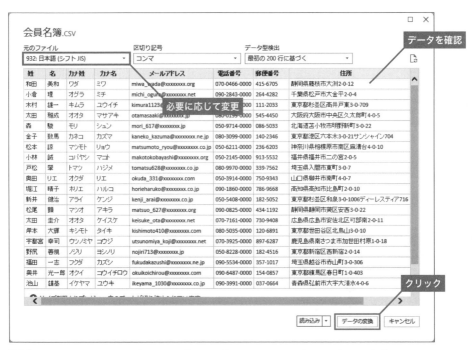

データを確認

必要に応じて変更

クリック

3 読み込まれるデータ表のプレビューが表示されます。必要に応じて文字コードを指定し、［データの変換］ボタンをクリックします。

「Power Query エディター」にデータが読み込まれる

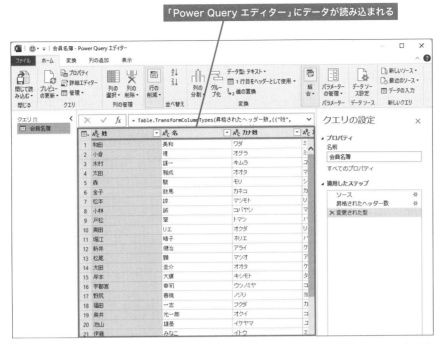

4 「Power Query エディター」が起動し、読み込まれたデータ表が画面に表示されます。

テキストファイルからのデータ読み込み

　半角スペースなどで区切られた「テキスト形式のデータ」を読み込むことも可能です。この場合も「ファイルから」→「テキストまたはCSVから」を選択します。その後、プレビューの画面で適切な「区切り記号」を指定すると、データを正しく読み込むことができます。

ここで「区切り記号」を指定

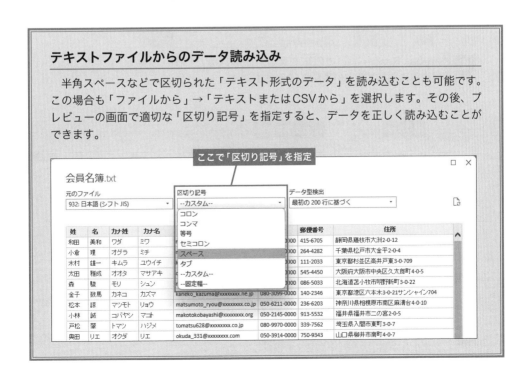

07

データ表の読み込み

X PDFに掲載されているデータ表の読み込み

　PDFに掲載されているデータ表を読み込む機能も用意されています。この機能を使って白書などのデータ表をPower Queryに読み込み、好きな形に加工していくことも可能です。ここでは「令和4年版厚生労働白書　資料編」の「厚生労働全般」のPDF[※]に掲載されているデータ表を読み込む場合を例に、具体的な手順を紹介していきます。

※ https://www.mhlw.go.jp/wp/hakusyo/kousei/21-2/dl/01.pdfからダウンロードできます。

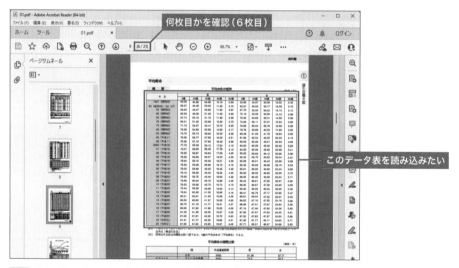

1 Acrobat ReaderなどでPDFを開き、読み込みたいデータ表が「何枚目に掲載されているか?」を確認します。

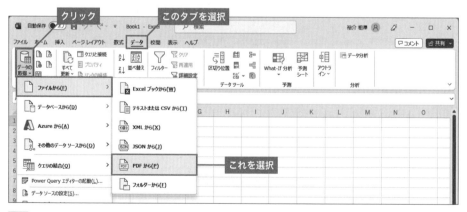

2 Excelを起動し、[データ]タブを選択します。続いて、「データの取得」をクリックし、「ファイルから」→「PDFから」を選択します。

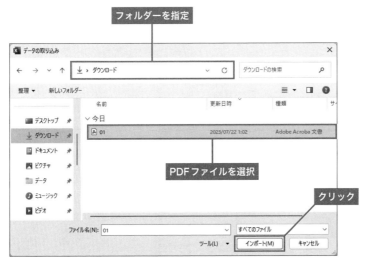

フォルダーを指定

PDFファイルを選択

クリック

3 データの取得元となるPDFファイルを選択し、[インポート]
ボタンをクリックします。

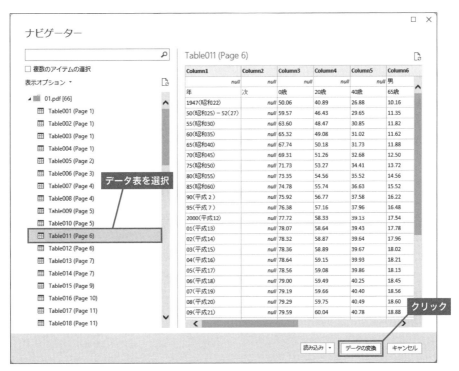

データ表を選択

クリック

4 プレビュー画面が表示され、PDFファイルの文書内にある「読み込み可能なデー
タ表」が一覧表示されます。手順1で確認した**何枚目**を参考にしながら**データ表**
を選択し、[**データの変換**]ボタンをクリックします。

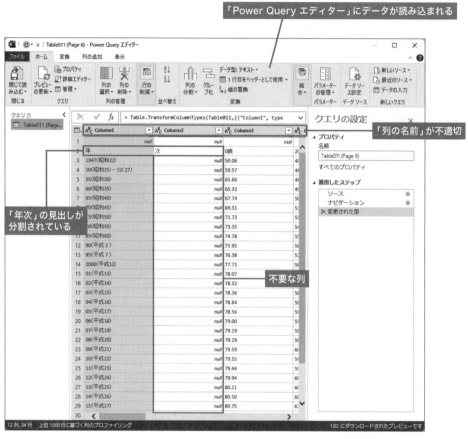

「Power Query エディター」にデータが読み込まれる

「列の名前」が不適切

「年次」の見出しが分割されている

不要な列

5 「Power Query エディター」が起動し、読み込まれたデータ表が画面に表示されます。

　なお、上図を見てもわかるように、PDFから読み込んだデータ表が適切な形になっていないケースもあります。特に「セルを結合した見出し」がある場合は、適切な形のデータ表になってくれないのが一般的です。

　このような場合は、不要な行／列を削除する、「列の名前」を正しく設定しなおす、などの処理を自分で指定していく必要があります。これらの操作手順については、後ほど詳しく説明します。

X Webに掲載されているデータ表の読み込み

Webページに掲載されているデータ表を使って分析作業を進めていきたい場合もあるでしょう。このような場合にも Power Query が活用できます。Webページをデータの取得元にするときは、以下のように操作します。

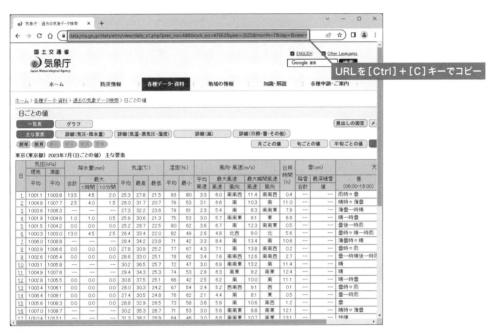

1 Webブラウザを起動し、取得したいデータ表が掲載されているページを表示します。続いて、URLを[Ctrl]+[C]キーでコピーします。

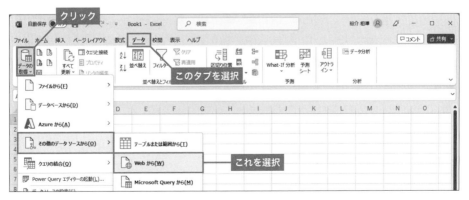

2 Excelを起動し、[データ]タブを選択します。続いて、「データの取得」をクリックし、「その他のデータソースから」→「Webから」を選択します。

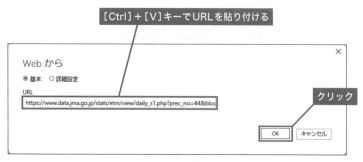

[Ctrl]＋[V]キーでURLを貼り付ける

3 手順1でコピーした**URL**を[Ctrl]＋[V]キーで貼り付け、
[OK]ボタンをクリックします。

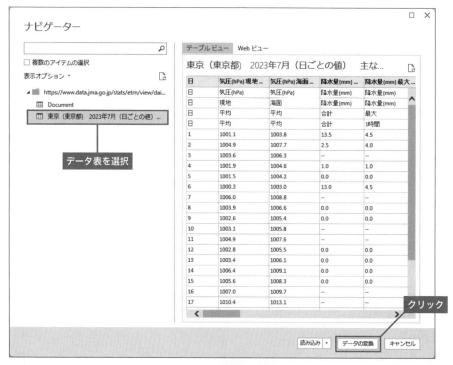

データ表を選択

クリック

4 指定したWebページ内にある「読み込み可能なデータ表」が一覧表示されます。
この中から**データ表を選択**し、[データの変換]ボタンをクリックします。

5 「Power Query エディター」が起動し、読み込まれたデータ表が画面に表示されます。

　この場合もデータ表が適切な形で読み込まれないケースがあります。これを適切な形にするには、不要な行を削除する、「列の名前」を設定しなおす、などの処理を自分で指定していく必要があります。これらの操作手順については、後ほど詳しく説明します。

　Webページからのデータ読み込みは、クリックひとつで最新データに更新できることが大きな利点となります。先ほど示した例では、気象庁のWebページから「東京の2023年7月の気象データ」を読み込みました。7月22日にデータの読み込みを行ったため、観測データが入力されていたのは7月1日〜7月21日の21日間だけです。それ以降のデータは空白（null）として扱われていました。

　数日後、このExcelファイルを開いて**クエリの更新**を実行すると、同じURLからデータが再取得され、7月22日以降のデータも入力された状態にデータ表を更新できます。このように「クエリの更新」を行うだけで、常に最新の状態にデータを更新できるのがPower Queryの魅力です。気象データをはじめ、為替レートや株価、商品の実売価格など、数値が刻々と変化していくデータをWebから自動取得できれば、常に最新の数値でデータ分析を進められるようになります。

　同じURL、同じ表形式でデータが提供されているといった制限はありますが、上手に活用することで便利な分析ツールを作成できます。ぜひ試してみてください。

08 データ表の結合

第1章で紹介したように、複数のデータ表を結合して読み込む方法も用意されています。続いては、ワークシートが複数あるExcelファイルの読み込み、フォルダーを指定したデータ読み込みについて解説します。

X ワークシートが複数あるExcelファイルの読み込み

Excelファイル（Excelブック）は複数のワークシートの保存にも対応しています。ここでは第1章で紹介したカレー弁当店の「各日の売上データ」を、別々のExcelファイルではなく、それぞれのワークシートに記録した場合を例に解説していきましょう。

▼7月の売上.xlsx

	A	B	C	D	E	F	G	H	I
1									
2		商品名	ライス・ナン	単価	販売数	金額			
3		チキンカレー	ライス	¥600	22	¥13,200			
4		チキンカレー	ナン	¥620	16	¥9,920			
5		マトンカレー	ライス	¥720	4	¥2,880			
6		マトンカレー	ナン	¥740	7	¥5,180			
7		キーマカレー	ライス	¥560	10	¥5,600			
8		キーマカレー	ナン	¥580	11	¥6,380			
9		野菜カレー	ライス	¥780	13	¥10,140			
10		野菜カレー	ナン	¥800	10	¥8,000			
11		グリーンカレー	ライス	¥660	17	¥11,220			
12		グリーンカレー	ナン	¥680	6	¥4,080			
13					合計	¥76,600			
14									
15									

7月1日 7月2日 7月3日 7月4日 7月5日

各ワークシートに日々の売上データを記録

準備完了　アクセシビリティ: 検討が必要です

この場合も「データの取得」をクリックし、「ファイルから」→「Excelブックから」でデータ表を読み込むことが可能です。

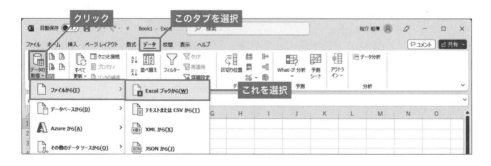

Excelファイルを指定して［インポート］ボタンをクリックすると、以下のようなプレビュー画面が表示されます。ここで**ワークシートを選択**し、［**データの変換**］ボタンをクリックすると、データ表を「Power Query エディター」に読み込むことができます。

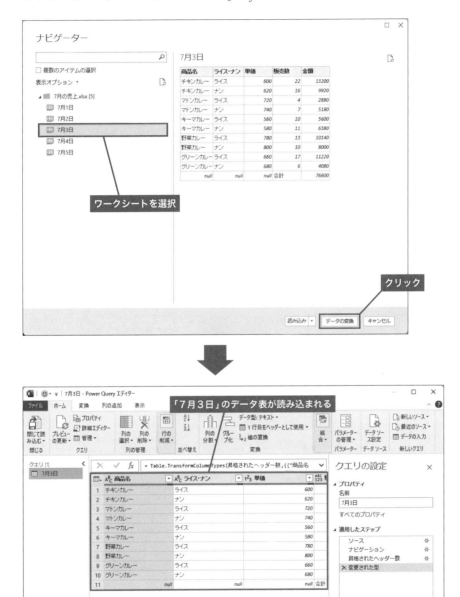

　ただし、読み込まれるのは「選択したワークシート」にあるデータ表だけです。他のワークシートは読み込まれないため、データ表を結合することはできません。

プレビュー画面には「複数のアイテムの選択」という項目も用意されていますが、こちらは各ワークシートを別のクエリとして読み込む機能となります。よって、この場合も複数のワークシートを結合することはできません。

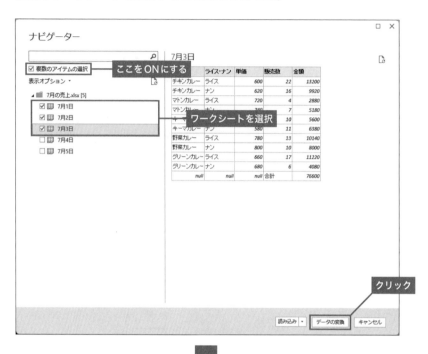

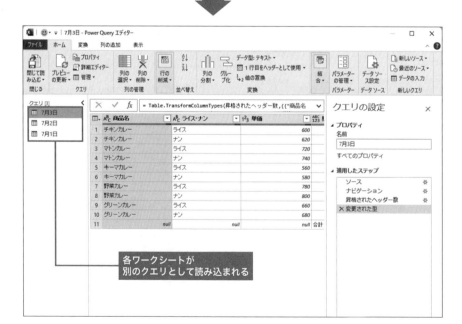

X 各ワークシートのデータ表を結合する方法

　では、どのように操作を進めていけばよいのでしょうか？　複数のワークシートに分割されているデータ表を結合するときは、以下のように操作します。

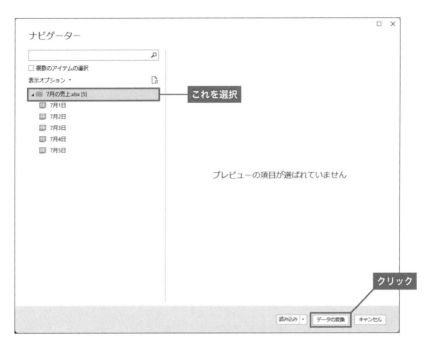

1 「ファイルから」→「Excel ブックから」を選択して Excel ファイルを指定し、Excel ファイル名のフォルダーを選択します。この状態で［データの変換］ボタンをクリックします。

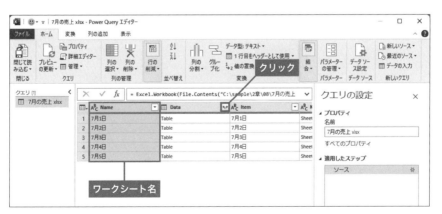

2 「Power Query エディター」に各ワークシートの情報が読み込まれます。続いて、「Data」の列にある ⇔ をクリックします。

3 各ワークシートの「何列目のデータを展開するか？」を指定する画面が表示されます。展開する列を指定し、[OK]ボタンをクリックします。

4 各ワークシートに記録されているデータが展開されます。

これで、各ワークシートに記録されているデータ表を結合できました。ただし、すぐに使える形になるとは限りません。これを適切な形のデータ表にするには、不要な行/列を削除する、「列の名前」を設定しなおす、などの処理を指定していく必要があります。

このように、各ワークシートに記録されているデータ表をPower Queryで結合することも可能です。ただし、第1章で紹介した「フォルダーを指定する方法」と比べると、少しだけ手間がかかります。ワークシートの結合はそれなりに使用頻度の高い作業といえるので、その操作手順を必ず覚えておくようにしてください。

X フォルダーを指定したデータ表の結合

念のため、第1章で紹介したフォルダー指定によりデータを読み込む方法も解説しておきます。フォルダー内にある各ファイルのデータ表を読み込んで結合するときは、以下のように操作します。

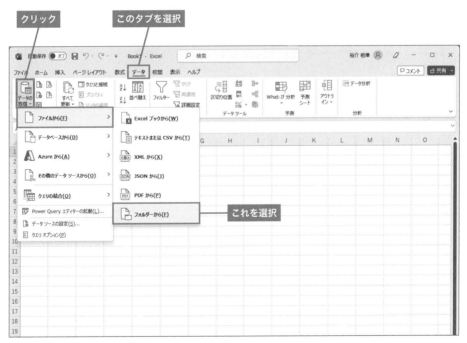

1 Excelを起動し、［データ］タブを選択します。続いて、「データの取得」をクリックし、「ファイルから」→「フォルダーから」を選択します。

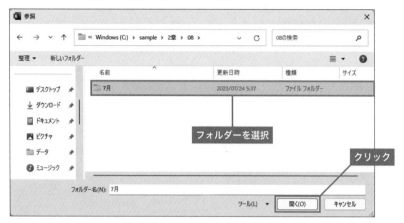

2 データを読み込む**フォルダー**を指定し、[開く]ボタンをクリックします。

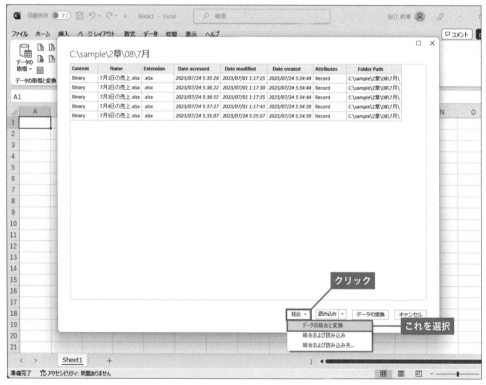

3 フォルダー内にあるファイルの情報が一覧表示されます。各ファイルのデータ表を結合するときは、[結合]ボタンをクリックし、「データの結合と変換」を選択します。

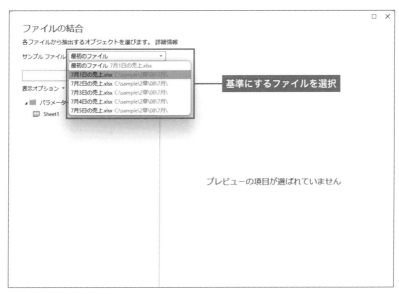

基準にするファイルを選択

4 このような画面が表示されるので、「**どのファイルを基準にデータ表を結合するか？**」を指定します。データ表が同じ形式で作成されている場合は、どのファイルを選択しても構いません。

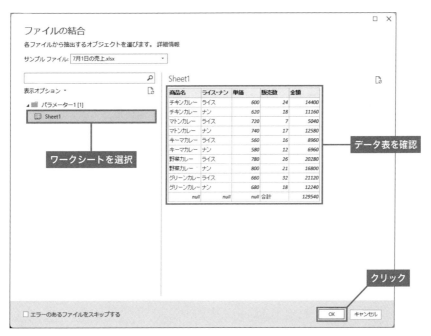

ワークシートを選択

データ表を確認

クリック

5 続いて、**ワークシートを選択**すると、そのワークシートに記録されているデータ表が表示されます。これを確認してから［**OK**］ボタンをクリックします。

6 「Power Query エディター」が起動し、フォルダー内にあるファイルのデータを結合した表が表示されます。

「フォルダーから」のその他の機能

　P092の手順3の画面にある［結合］ボタンには、以下のような項目も用意されています。これらは「Power Query エディター」を経由しないで、結合したデータ表をそのままExcelに出力するときに使用します。

結合したデータをそのまま出力

「結合および読み込み」を選択すると、新しいワークシートが作成され、そこに結合したデータ表がそのまま出力されます。「結合および読み込み先...」を選択した場合は、以下のような画面が表示され、結合したデータ表の出力先を自分で指定できます。

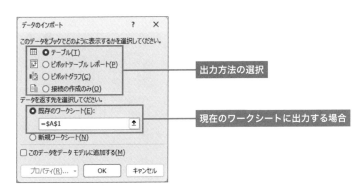

この機能を使って「現在のワークシート」の「指定したセル」を先頭にデータ表（テーブル）を出力することも可能です。また、結合したデータ表をもとにピボットテーブルを作成することも可能です。

そのほか、手順3の画面には［読み込み］ボタンや［データの変換］ボタンも用意されています。

［読み込み］ボタンをクリックした場合は、各ファイルのファイル情報がテーブルとしてExcelに出力されます。

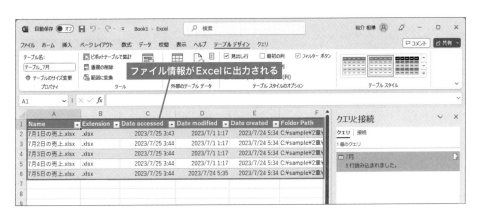

［データの変換］ボタンをクリックした場合は、各ファイルのファイル情報が「Power Query エディター」に読み込まれます。ここで「Content」の列にある ↔ をクリックしてデータを結合した表を作成することも可能です。

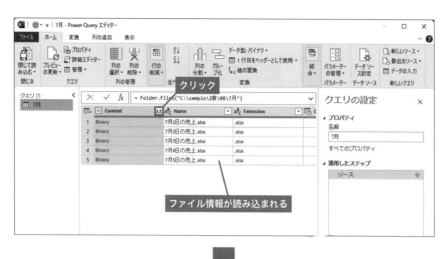

ファイル情報が読み込まれる

各ファイルのデータを
結合した表が作成される

X データの取得元フォルダーの変更

　フォルダー名を変更した場合など、データの取得元となるフォルダーを変更したい場合もあるでしょう。本書のP046～053で紹介した方法は、エラーに対処するときの基本的な操作手順となります。単にフォルダーを変更するだけなら、以下の手順で取得元のフォルダーを変更することも可能です。

1 「データ ソース設定」をクリックします。すると、上図のような設定画面が表示されるので［ソースの変更］ボタンをクリックします。

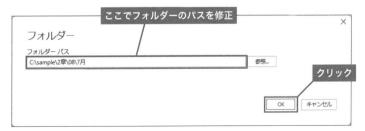

2 フォルダーのパスを指定する画面が表示されます。ここで取得元フォルダーのパスを修正し、［OK］ボタンをクリックします。

09 データ表の出力と更新

「Power Query エディター」に読み込んだデータ表は、適切な加工を施した後、Excel に出力して利用するのが一般的です。続いては、「データ表を Excel に出力する方法」と「クエリの更新」について解説します。

X データ表の出力

　データ表の読み込みが済んだら、次は用途に合わせて「Power Query エディター」でデータ表を加工していきます。ただし、この作業は多岐にわたるため、その前にデータ表を Excel に出力する方法を紹介しておきます。

1 データ表の加工が済んだら、現在の**クエリ**に適当な名前を指定します。続いて、**「閉じて読み込む」**のアイコンをクリックします。

データ表の出力？ 読み込み？

　「Power Query エディター」のコマンド名は「閉じて読み込む」となっていますが、本書ではあえて「出力」と表現しています。これは「Power Query エディター」にデータ表を「読み込む」作業と混同しないようにするためです。本書では「Power Query エディター」を操作の起点と考えて、データを取得する操作を「読み込み」、Excel に書き出す操作を「出力」と表現しています。間違えないように注意してください。

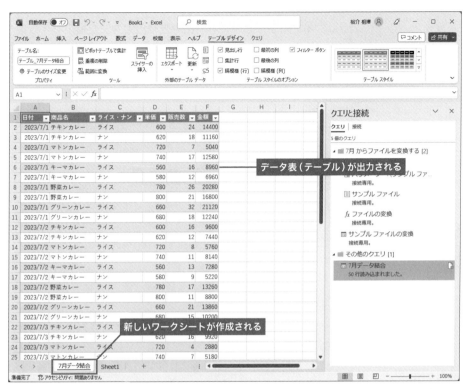

データ表 (テーブル) が出力される

新しいワークシートが作成される

2 「クエリ名」のワークシートが作成され、そこに「Power Query エディター」で加工したデータ表 (テーブル) が出力されます。

このとき、「閉じて読み込む」のをクリックし、「**閉じて次に読み込む**」を選択しても構いません。

クリック

これを選択

すると、以下のようなダイアログが表示され、**出力先**や**出力方法**を指定できるようになります。

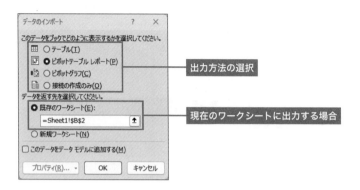

出力方法の選択

現在のワークシートに出力する場合

たとえば、上図のように指定すると、現在のワークシートの「B2セル」を先頭に、ピボットテーブルとしてデータを出力できます。

B2セル

ピボットテーブルとして出力される

ここで各フィールドの配置を指定

X クエリの更新

　取得元のファイルでデータを追加・修正したときは、**クエリの更新**を行っておくのが基本です。すると、「データ表の読み込み」→「データの加工」→「データ表の出力」が再び実行され、最新の状況を反映させたデータ表（テーブル）に更新できます。クエリの更新は、［**データ**］タブや［**クエリ**］タブで行います。

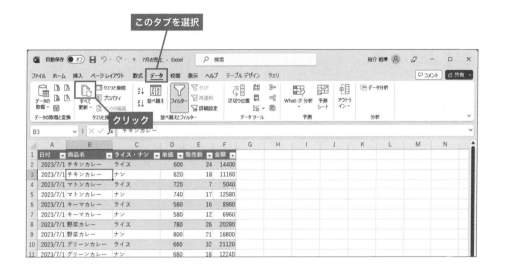

　また、「**クエリと接続**」をONにして「クエリの一覧」を表示し、🔄をクリックして**クエリの更新**を実行することも可能です。

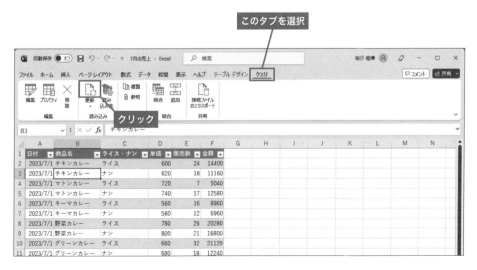

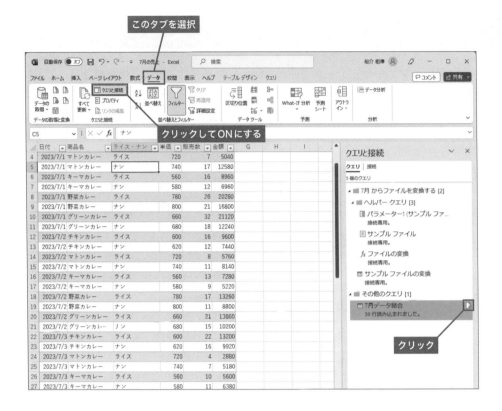

「更新」と「すべて更新」

　複数のクエリを作成してある場合は、「どのクエリを更新するか？」にも注意しておく必要があります。

　すべてのクエリをまとめて更新するときは、[データ] タブにある「すべて更新」をクリックします。現在、選択しているクエリだけを更新するときは、[クエリ] タブにある「更新」または 📄 をクリックします。そのほか、「すべて更新」→「更新」で選択中のクエリだけを更新することも可能です。

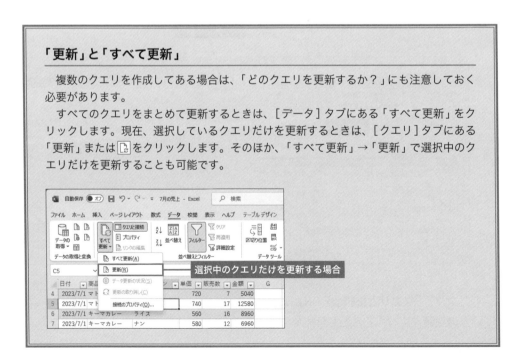

X 「Power Query エディター」の再表示

　念のため、「Power Query エディター」を再び表示するときの操作手順も紹介しておきましょう。作成したクエリの処理内容を確認したり、修正したりするときは、以下のいずれかの操作を行います。

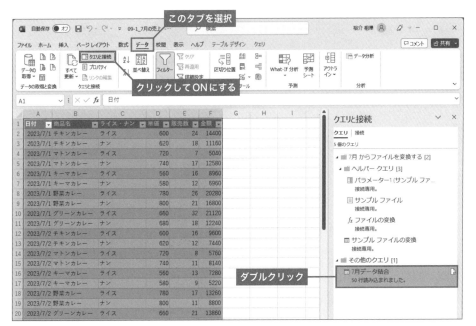

[データ] タブを選択し、「**クエリと接続**」を ON にします。クエリの一覧が表示されるので、編集する**クエリをダブルクリック**します。

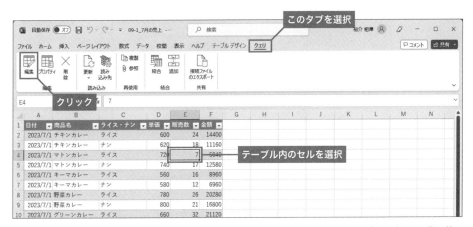

出力されたテーブル内にあるセルを選択します。続いて、[**クエリ**] タブを選択し、「**編集**」をクリックします。

10 列の基本操作

ここからは「Power Query エディター」でデータ表を加工するときの操作手順を解説していきます。まずは、列の削除、並べ替え、名前の変更など、列に関する基本的な処理を指定するときの操作手順を解説します。

X 列の削除

　読み込んだデータ表に不要な列（今回の作業では使わないデータ）が含まれている場合もあります。

　たとえば、50歳以上の会員だけに特別キャンペーンのメールを配信する場合を考えてみましょう。この場合、必要になるデータは、「氏名」、「メールアドレス」、「生年月日」だけです。以下の図に示した例には、「フリガナ」や「電話番号」、「住所」といったデータも含まれていますが、これらのデータは必須ではありません。

　このような場合は不要な列を削除しておくと、以降の処理を進めやすくなります。列を削除するときは、**「列の名前」を右クリック**し、**「削除」**を選択します。

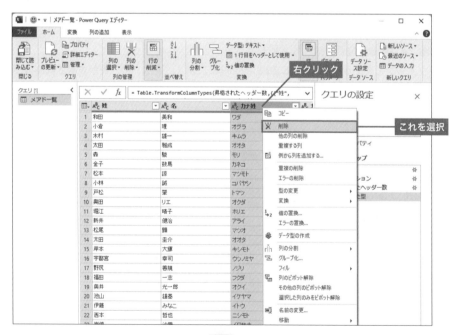

複数の列を同時に選択して作業を進めていくことも可能です。［Shift］キーを押しながら「列の名前」を2カ所クリックすると、その範囲内にある列を一括選択できます。また、［Ctrl］キーを押しながら「列の名前」をクリックし、列を追加選択していくことも可能です。このあたりの操作は通常のExcelと同じです。

続いて、選択している「列の名前」を右クリックすると、以下のようなメニューが表示されます。ここで「列の削除」をクリックすると、選択した列をまとめて削除できます。「他の列を削除」をクリックした場合は、選択していない列をまとめて削除できます。こちらは、選択した列だけを残す機能と考えることもできます。

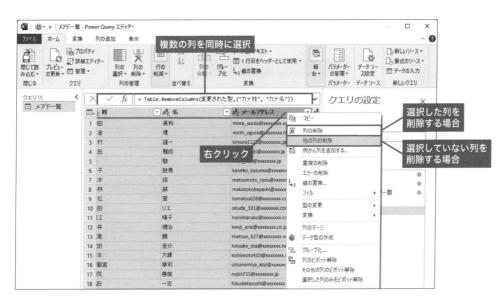

列の数が多くて操作しづらいときは、「**列の選択**」コマンドを使用する方法もあります。「**列の選択**」の⌄をクリックし、「**列の選択**」を選択します。

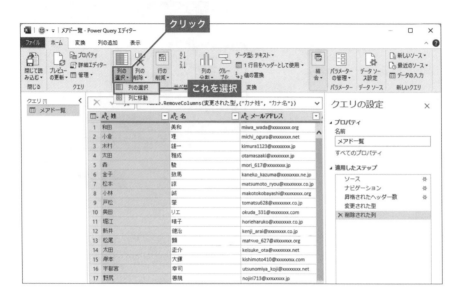

すると、「列の名前」が一覧表示されます。ここで「**維持する列**」だけをONにしてから[OK]ボタンをクリックすると、それ以外の列をまとめて削除できます。

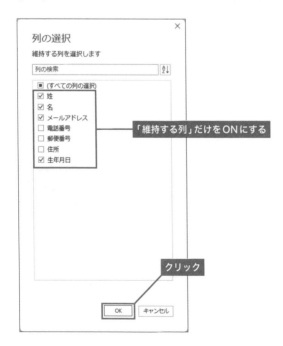

「列を削除する処理」の取り消し

　列を削除する前の状態に戻したいときは、ステップの一覧で ✕ をクリックします。なお、ここに表示されるステップ名は、それぞれ以下の処理に対応しています。

・削除された列 ……………………… 列の削除
・削除された他の列 ………… 他の列の削除、「列の選択」コマンド

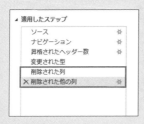

「列の削除」と「他の列を削除」の相違点

　たとえば、A、B、C、D、E、Fという6つの列があり、この中のA、B、Cだけを残したいとしましょう。この場合、以下の2つの処理方法が考えられます。

（1）D、E、Fの列を削除する
（2）A、B、C以外の列を削除する

どちらも結果は同じですが、記述されるM言語が異なることに注意してください。

　（1）の場合は「D、E、Fの列を削除する」という処理がM言語で記述されます。その後、何らかの都合により、取得元のデータ表でFの見出しをGに変更したとします。この場合、Fの列が見つからなくなるため、更新時にエラーが発生してしまいます。

　一方、（2）の場合は「A、B、C以外の列を削除する」という処理がM言語で記述されます。この場合、取得元のデータ表の見出しがA、B、C、D、E、Gに変更されていてもエラーは発生しません。そのほか、「A、B、C、D」や「A、B、C、X、Y、Z」といった形式のデータ表にも対応できます。こちらは、A、B、Cの列さえ存在していれば正しく処理を実行できるのが特長となります。

　以上の点を踏まえると、A、B、Cのデータだけが必要なのであれば、（2）の方法で列を削除したほうが柔軟性の高い処理になると考えられます。些細な事ですが、念のため覚えておいてください。

X 列の並べ替え

列の順番を並べ替えたい場合もあるでしょう。この処理は「列の名前」を左右にドラッグすると指定できます。

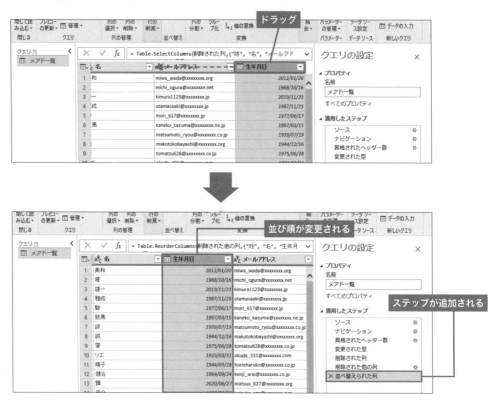

X 「列の名前」の変更

Power Queryにより自動設定された「列の名前」を変更することも可能です。この場合は、「列の名前」をダブルクリックして新しい名前を入力します。

11 行の削除（フィルター）

続いては、読み込んだデータ表から「不要な行」を削除する方法を解説していきます。この処理は、列の削除ほど簡単ではありません。フィルターを使って「不要な行」を削除する手順を覚えておく必要があります。

X 1行目のデータを「列の名前」として扱う

データを読み込んだときに「**列の名前**」が正しく認識されていないケースもあります。たとえば、P089〜091で紹介した例では、以下のような形でデータ表が読み込まれています。このデータ表は「列の名前」が「Data.Column1」などになっており、適切とはいえません。

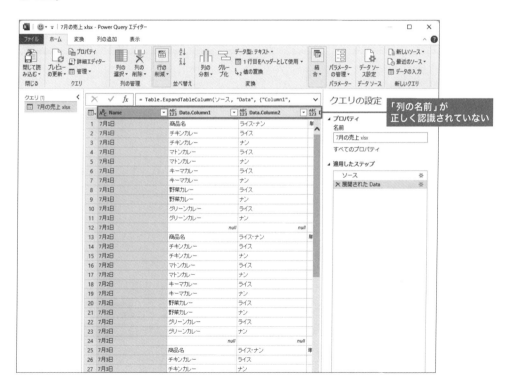

このような場合に活用できるのが「**1行目をヘッダーとして使用**」です。このコマンドをクリックすると、1行目のデータが「列の名前」に繰り上がり、2行目以降がデータとして扱われるようになります。

「変更された型」のステップ

　1行目のデータを「列の名前」にする処理は、「昇格されたヘッダー数」として
ステップに記録されます。なお、このステップのすぐ下に追加される「変更され
た型」は、各列のデータ型をPower Queryが自動指定する処理となります。

　あとは「7月1日」を「日付」などの名前に変更し、不要な列を削除するだけです。これ
で「列の名前」を適切に設定できます。ただし、まだ十分とはいえません。「合計の行」が
残っている、7月2日以降の「見出し行」が残っている、といった不具合を解消するには、
後ほど解説するフィルターで行を削除する必要があります。

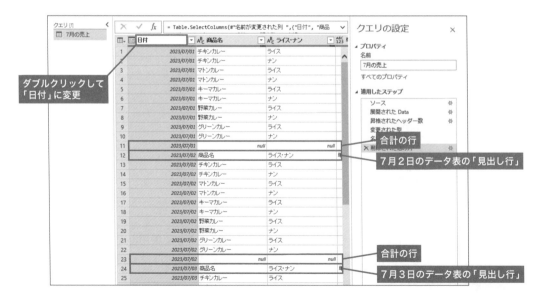

ヘッダーを1行目として使用

「1行目をヘッダーとして使用」の⌄をクリックすると、以下の図のような項目が表示されます。ここにある「ヘッダーを1行目として使用」は先ほどと逆の処理を行うもので、現在の「列の名前」を「1行目のデータ」に繰り下げるときに使用します。

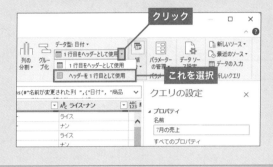

Ⅹ タイトル行などの削除

続いては、取得元のExcelファイルに**タイトル文字**などが入力されている場合の対処方法について解説します。たとえば、取得元のExcelファイルが以下のように作成されていたとしましょう。

▼会員名簿.xlsx

	A	B	C	D	E	F	G	H
1	会員名簿				表のタイトルなどが入力されている			
2	データ取得日：2023/7/29							
3								
4	姓	名	カナ姓	カナ名	メールアドレス	電話番号	郵便番号	住所
5	和田	美和	ワダ	ミワ	miwa_wada@xxxxxxxx.org	070-0466-0000	415-6705	静岡県藤枝市大洲2-0-12
6	小倉	理	オグラ	ミチ	michi_ogura@xxxxxxxx.net	090-2843-0000	264-4282	千葉県松戸市大金平2-0-4
7	木村	雄一	キムラ	ユウイチ	kimura1123@xxxxxxxx.jp	070-2079-0000	111-2033	東京都杉並区高井戸東3-0-709
8	太田	雅成	オオタ	マサアキ	otamasaaki@xxxxxxxx.jp	080-0199-0000	545-4450	大阪府大阪市中央区久太郎町4-0-5
9	森	駿	モリ	シュン	mori_617@xxxxxxxx.jp	050-9714-0000	086-5033	北海道苫小牧市明野新町3-0-22
10	金子	数馬	カネコ	カズマ	kaneko_kazuma@xxxxxxxx.ne.jp	080-3099-0000	140-2346	東京都港区六本木3-0-21サンシャイン704
11	松本	諒	マツモト	リョウ	matsumoto_ryou@xxxxxxxx.co.jp	050-6211-0000	236-6203	神奈川県相模原市南区麻溝台4-0-10
12	小林	誠	コバヤシ	マコト	makotokobayashi@xxxxxxxx.org	050-2145-0000	913-5532	福井県福井市二の宮2-0-5
13	戸松	肇	トマツ	ハジメ	tomatsu628@xxxxxxxx.co.jp	080-9970-0000	339-7562	埼玉県入間市東町3-0-7
14	奥田	リエ	オクダ	リエ	okuda_331@xxxxxxxx.com	050-3914-0000	750-9343	山口県柳井市南町4-0-7
15	堀江	晴子	ホリエ	ハルコ	horieharuko@xxxxxxxx.co.jp	090-1860-0000	786-9668	高知県高知市比島町2-0-10
16	新井	健治	アライ	ケンジ	kenji_arai@xxxxxxxx.co.jp	050-5408-0000	182-5052	東京都杉並区和泉3-0-1006ディーレスティア716
17	松尾	顕	マツオ	アキラ	matsuo_627@xxxxxxxx.org	090-0825-0000	434-1192	静岡県静岡市葵区安西3-0-22
18	太田	圭介	オオタ	ケイスケ	keisuke_ota@xxxxxxxx.net	070-7161-0000	730-9408	広島県広島市安佐北区可部南2-0-11
19	岸本	大輝	キシモト	タイキ	kishimoto410@xxxxxxxx.com	080-5035-0000	120-6891	東京都世田谷区北烏山3-0-10
20	宇都宮	幸司	ウツノミヤ	コウジ	utsunomiya_koji@xxxxxxxx.net	070-3925-0000	897-6287	鹿児島県南さつま市加世田村原1-0-18
21	野尻	善規	ノジリ	ヨシノリ	nojiri713@xxxxxxxx.jp	050-8228-0000	182-4516	東京都新宿区西新宿2-0-14
22	福田	一志	フクダ	カズシ	fukudakazushi@xxxxxxxx.ne.jp	090-5534-0000	357-1017	埼玉県越谷市赤山町3-0-306
23	奥井	光一郎	オクイ	コウイチロウ	okuikoichirou@xxxxxxxx.com	090-6487-0000	154-0857	東京都練馬区春日町1-0-403

このExcelファイルを「Power Query エディター」に読み込むと、以下の図のように「データ表でない部分」までが読み込まれてしまいます。

このような場合は、「行の削除」を使って不要な行を削除します。今回の例のように表の上部に不要な行があるときは、「行の削除」→「上位の行を削除」を選択します。

すると、以下のような画面が表示され、「上から何行を削除するか？」を指定できるようになります。今回は不要な行が2行あるので「2」と入力し、[OK] ボタンをクリックします。

データ表の「上から2行」が削除されます。これで「列の名前」にすべきデータを1行目に配置できました。

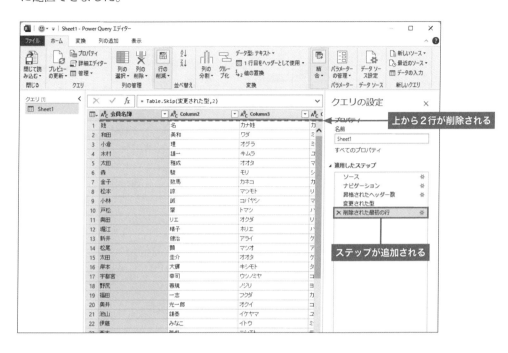

　続いて、「1行目をヘッダーとして使用」をクリックすると、「列の名前」を適切に設定できます。

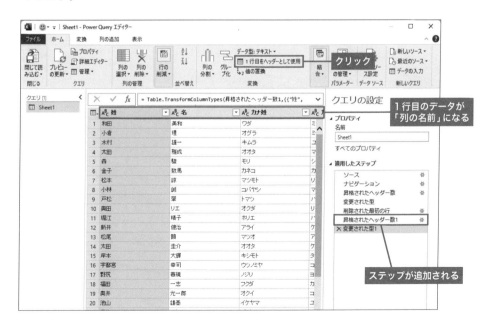

そのほか、「**行の削除**」には以下のようなコマンドが用意されています。

- 上位の行を削除 ……… データ表の上から「指定した行数」を削除
- 下位の行を削除 ……… データ表の下から「指定した行数」を削除
- 代替行の削除 …………… 指定したパターンに従って行を削除（詳しくは後述）

- 重複の削除 …………… データが重複している行を削除[※1]
- 空白行の削除 ………… 空白行を削除
- エラーの削除 ………… エラー（Error）の行を削除[※1]

（※1）選択している列の値が「重複データ」または「Error」になっている行を削除します。

「**代替行の削除**」を選択したときは、以下のように3つの数値を入力する画面が表示されます。

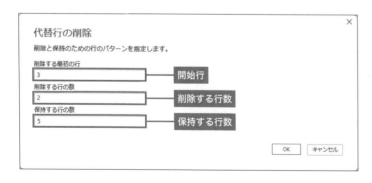

少しわかりにくいので補足しておきます。たとえば、前ページの図のように「3、2、5」と数値を指定した場合は、以下のように行が削除されます。

- **3行目から2行分を削除**（3、4行目を削除）
- **次の5行分を残す**（5、6、7、8、9行目を残す）
- **次の2行分を削除**（10、11行目を削除）
- **次の5行分を残す**（12、13、14、15、16行目を残す）
- **次の2行分を削除**（17、18行目を削除）
- **次の5行分を残す**（19、20、21、22、23行目を残す）

※以降、「2行削除、5行残す」の繰り返し

また、「**行の保持**」には以下のようなコマンドが用意されています。こちらは「**残す行**」（削除しない行）を指定して行を削除する場合に使用します。

- **上位の行を保持** ……… データ表の上から「指定した行数」だけ行を残す
- **下位の行を保持** ……… データ表の下から「指定した行数」だけ行を残す
- **行の範囲を保持** ……… 「N行目からM行分」だけ行を残す

- **重複の保持** ……………… データが重複している行だけを残す[※2]
- **エラーの保持** …………… エラー（Error）の行だけを残す[※2]

（※2）選択している列の値が「重複データ」または「Error」になっている行だけを残します。

115

フィルターを使った行の削除

　データ表の途中に「不要な行」がある場合は、**フィルター**を使って行を削除するのが基本です。続いては、P110に示したデータ表から「合計の行」と「見出しの行」を削除する場合を例にフィルターの使い方を解説していきます。

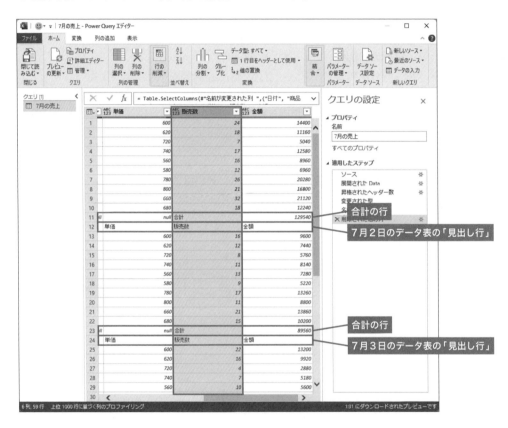

　今回は「販売数」の列に注目して不要な行を削除します。上図を見るとわかるように、「販売数」の列に「合計」や「販売数」といったデータが入力されている行が「不要な行」になります。これをもとにフィルターで行を削除します。

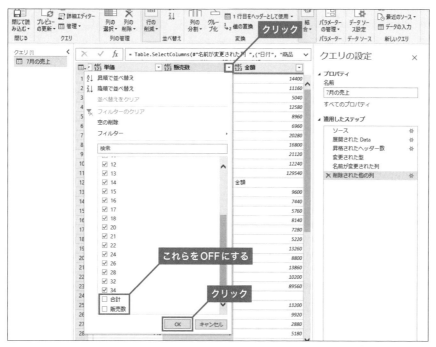

1 「販売数」の列にある▼をクリックします。続いて、「合計」と「販売数」の項目をOFFにし、[OK]ボタンをクリックします。

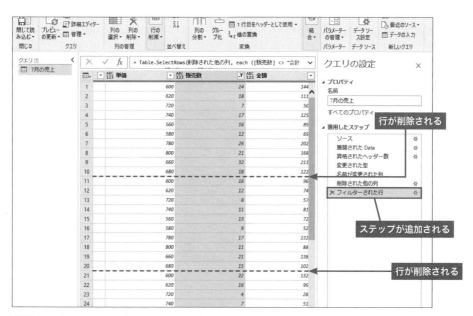

2 「販売数」の列が「合計」または「販売数」になっている行が除外されます。その結果、「合計の行」と「見出しの行」をデータ表から削除できます。

このように「不要な行の特異点」を見つけることが最初の一歩になります。続いて、それらの項目をフィルターで除外すると、不要な行を削除できます。

そのほか、**データ分析に関係のない行**をあらかじめ削除しておきたい場合にもフィルターが役に立ちます。たとえば、「ライス」についてのみデータ分析を行うときは、Power Queryの時点で「ナン」のデータ行を削除しておきます。すると、「ライス」のデータだけがExcelに出力され、Excelで「ナン」のデータを削除する手間を省略できるようになります。取得元のデータが追加・変更された場合も、**クエリの更新**を行うだけで最新のデータ表を即座に得ることができます。このあたりの使い方は用途に応じて変化するので、なるべく効率よく自動化する方法を各自でも研究してみてください。

X Power Query のフィルター機能

Power Queryのフィルター機能は、通常のExcelのフィルター機能とほぼ同じ使い方になっています。よって、フィルター機能の使い方を知っている方なら、特に問題なく操作を進められると思います。

もちろん、各項目のON/OFFだけでなく、条件を指定した行の抽出（削除）にも対応しています。たとえば、文字列データが入力されている列の場合、**テキスト フィルター**でデータ行を絞り込むことも可能です。

ここには、「**次の値で始まらない**」や「**次の値で終わらない**」のように、通常のExcelのフィルター機能にはない条件も用意されています。

数値データが入力されている列では、**数値フィルター**を使用できます。こちらは「数値の範囲」を指定してデータ行を絞り込みたい場合に活用できます。

そのほか、日時が入力されている列では、**日付フィルター**を使って日時を絞り込むことも可能となっています。

それぞれの条件を指定する画面は、以下のようなイメージで表示されます。2つの条件をおよび（and）やまた（or）で結んで指定できる場合もあります。たとえば、以下の図のように条件を指定すると、数値が「100以上かつ500以下」のデータ行だけを抽出できます。

　また、この画面で「詳細設定」を選択すると、複数の列を対象に抽出条件を指定できるようになります。たとえば、以下の図のように条件を指定すると、「販売数が10以上」または「金額が10,000以上」といった条件を指定できます。さらに、[句の追加]ボタンをクリックして3つ以上の条件を指定することも可能となっています。

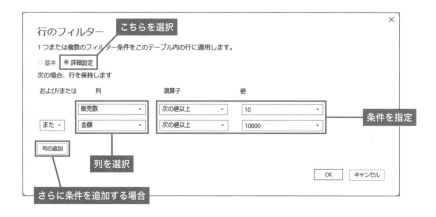

Errorを活用したデータ行の削除

　不要な行を削除するときに「Error」を活用する方法もあります。ただし、そのためには各列の「データ型」を正しく指定しておく必要があります。これについては次節で詳しく解説します。

12 データ型の指定

Power Queryは「各列のデータ型」を細かく指定できるようになっており、型に合わないデータはErrorとして処理される仕組みになっています。続いては、データ型の指定方法と仕様について解説します。

X データ型の指定方法

Power Queryにデータ表を読み込んだり、1行目のデータを「列の名前」に繰り上げたりしたときに「**変更された型**」というステップが追加される場合もあります。このステップは、**各列のデータ型を自動指定する処理**を行っています。

ただし、必ずしも適切なデータ型が指定されるとは限りません。よって、各列のデータ型を自分の目で確認しておく必要があります。各列のデータ型は「**列の名前**」の左にある**アイコンを見ると確認できます**。

▼各アイコンとデータ型の対応

1.2	10進数		日付/時刻	ABC	テキスト
$	通貨		日付	X✓	True/False
1²₃	整数		時刻		バイナリ
%	パーセンテージ		日付/時刻/タイムゾーン		
			期間	ABC 123	指定なし

もしも適切なデータ型が指定されていなかった場合は、その列のアイコンをクリックすると、データ型を指定しなおすことができます。このとき、データ型の「通貨」は、表示形式の「通貨」とは意味合いが異なることに注意してください（詳しくは後述します）。

　自分でデータ型を指定したときも「変更された型」というステップが追加されます。なお、同じ列に対してデータ型の指定を2回続けて行うと、以下のような確認画面が表示されます。ここで［現在のものを置換］ボタンをクリックすると、現在の「変更された型」が新しい指定内容に書き換えられます。［新規手順の追加］ボタンをクリックした場合は、新たに「変更された型」のステップが追加され、そこに「2回目のデータ型の指定」が記録されます。

　続いては、各データ型の仕様について解説します。「どのデータ型を指定すればよいか？」を判断するときの参考にしてください。

1.2 10進数（type number）

　小数点以下を含む数値データを扱う列に指定します。64ビット（8バイト）の浮動小数点数として数値データが記録されます（最大精度は15桁）。なお、浮動小数点数のため、状況によっては微細な誤差が生じる恐れがあります。

$ 通貨（Currency.Type）

　数値データの小数点以下を常に4桁として記録します（小数点以下の5桁目を四捨五入し、小数点以下4桁に丸めた数値が記録されます）。最大19桁までの数値を扱うことが可能で、「10進数」のように誤差が生じることはありません。この指定は、通貨記号（¥）や桁区切り（,）を追加する機能ではないことに注意してください。

画面表示と記録される数値

　「通貨」のデータ型を指定した列は、数値データが小数点以下2桁まで表示されます。一方、実際に記録されている数値は「小数点以下4桁まで」となります。実際に記録されている数値は、各セルをクリックして選択し、ウィンドウ下部の領域を見ると確認できます。

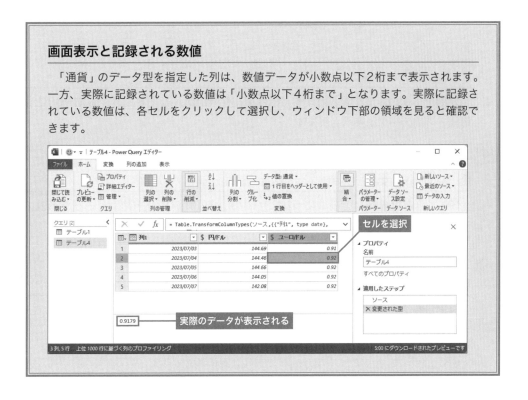

---

¹²₃ 整数（Int64.Type）

　小数点以下を含まない**整数**だけを扱う列に指定します（小数点以下を四捨五入した数値が記録されます）。64ビット（8バイト）の整数値として記録されるため、最大19桁までの数値を扱えます。

% パーセンテージ（Percentage.Type）

　基本的には「10進数」と同じ型になります。**1/100を1%**として表記するパーセンテージのスタイルで数値が表示されます。

📅 日付/時刻（type datetime）

　日付と時刻の両方が記録されます。「2023/10/05 10:00:00」といった形式で日時データが表示されます。

📅 日付（type date）

　日付データのみが記録されます（時刻データは削除されます）。「2023/10/05」といった形式で日付データが表示されます。

🕐 時刻（type time）

　時刻データのみが記録されます（日付データは削除されます）。「10:00:00」といった形式で時刻データが表示されます。

🌐 日付/時刻/タイムゾーン（type datetimezone）

　UTC（協定世界時）を基準に「2023/10/05 10:00:00 +09:00」といった形式で日時データが表示されます。

🕐 期間（type duration）

　経過日数や経過時間などを示す列に指定します。「日数.時:分:秒」といった形式でデータが表示されます。

ᴬᴮ𝒸 テキスト（type text）

　文字列データを扱う列に指定します。このデータ型を指定すると、数値も文字列データとして扱われるため、Power Query内での計算が行えなくなります。

✕✓ True/False（type logical）

　TRUEまたはFALSE（ブール値）を記録する列に指定します。数値の0はFALSE、それ以外の数値はTRUEとして扱われます。

☰ バイナリ（type binary）

　バイナリ形式のデータを扱う列に指定します。

Ⓧ Errorを活用した行の削除

　指定したデータ型に合致しないデータはエラー（Error）として処理されます。この仕組みを利用して「不要な行」を削除することも可能です。P116〜117に示した例では、フィルター機能を使って「不要な行」を削除しました。これと同等の処理をErrorを利用して行うことも可能です。

1 「販売数」のデータは基本的に整数となるため、データ型に「整数」を指定します。

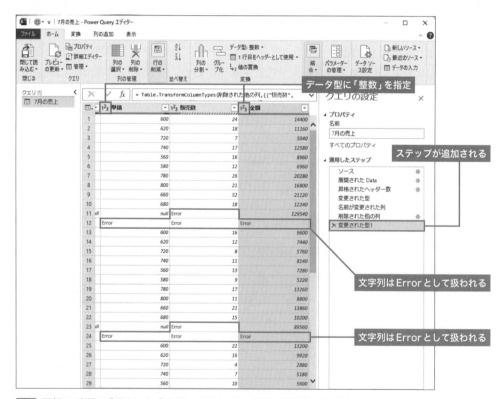

2 同様の手順で「単価」と「金額」の列もデータ型に「整数」を指定します。すると、「合計」や「見出しの文字」がErrorとして扱われるようになります。

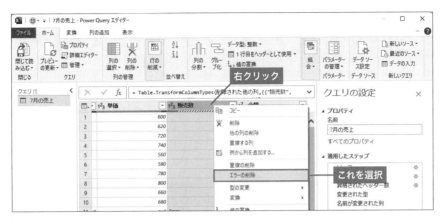

3 「販売数」の列を右クリックし、「エラーの削除」を選択します。

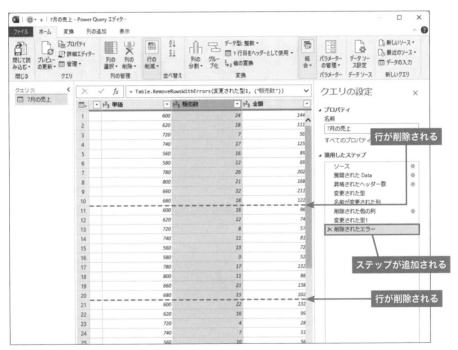

4 「販売数」のデータがErrorになっていた行が削除されます。その結果、「合計の行」と「見出しの行」を削除することができます。

　このようにデータ型を指定することで「文字列データ」をErrorとして扱い、このErrorをもとに「不要な行」を削除する方法もあります。ただし、「必要なデータ行にもErrorが発生していないか？」をよく確認しておく必要があります。Errorが発生している場合、そのデータ行も一緒に削除されてしまうことに注意してください。

13 並べ替えとインデックス列

「Power Query エディター」でデータを数値順や50音順に並べ替えることも可能です。また、データを元の並び順に戻すときに活用できる「インデックス列」（通し番号）を自動作成する機能も用意されています。

X データ行の並べ替え

データを50音順に並べ替えた状態でExcelに出力したい場合もあるでしょう。「Power Query エディター」でデータを並べ借るときは、以下のように操作します。

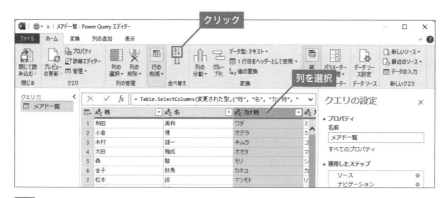

1 並べ替えの基準にする列を選択し、（昇順で並べ替え）をクリックします。

2 データ行が50音順（ABC順）に並べ替えられます。

128

もちろん、数値データの小さい順（昇順）や大きい順（降順）に並べ替えることも可能です。これらの処理も ![昇順] または ![降順] をクリックして指定します。

　このように、データを並べ替える手順は特に難しいものではありません。ただし、**漢字を含むデータは正しい50音順にならないことに注意してください。**

　Excelにデータを手入力した場合は、漢字変換する前の"読み"が「ふりがな」として記録される仕組みになっています。このため、通常のExcelでは「漢字を含むデータ」も正しい50音順に並べ替えることができます。一方、「Power Query エディター」に読み込まれるのは「各セルのデータだけ」であり、「ふりなが」の情報は読み込まれません。漢字を含むデータは文字コード順に並べ替えられるため、正しい50音順にはなりません。

▼ Excelで「昇順」に並べ替え

▼ Power Queryで「昇順」に並べ替え

当然ながら、出力されるデータにも「ふりがな」の情報は含まれていません。このため、Excelに出力した後に50音順に並べ替える、といった操作も不可能になります。よって、漢字を含む文字列を50音順に並べ替えたいときは、**ひらがなまたはカタカナで**「フリガナ」などの列を用意しておく必要があります。

X 並べ替えの優先順位

複数の列を基準にデータを並べ替えたい場合もあるでしょう。この場合は、**並べ替えの処理を繰り返し指定**します。P128で「カナ姓」の50音順にデータを並べ替える方法を紹介しましたが、この表をよく見ると、氏名が正しい50音順になっていない部分があることに気付きます。

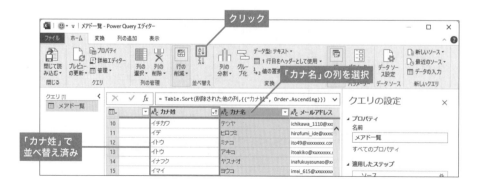

これを正しい50音順にするには、「カナ姓」と「カナ名」の2列を基準に並べ替えを行わなければいけません。このような場合は、優先順位の高い順に並べ替えの処理を指定していきます。今回の例の場合、「カナ姓」の昇順に並べ替えた後、さらに「カナ名」の昇順に並べ替える処理を指定します。

これで氏名を正しい50音順に並べ替えることができます。なお、複数の列を基準にデータを並べ替えた場合は、 や のように並べ替えの優先順位を示す数字が「列の名前」の右側に表示されます。

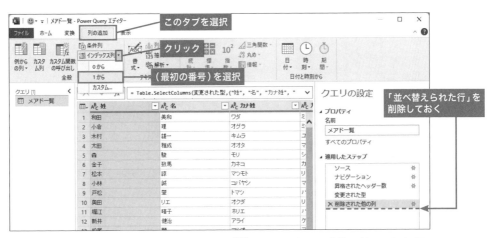

X インデックス列の活用

　並べ替えたデータを「元の並び順」に戻したい場合もあるでしょう。このような場合に備えて、あらかじめ通し番号の列を用意しておくと便利です。Power Queryには「インデックス列」という機能が用意されているため、以下のように操作するだけで「通し番号の列」を自動作成できます。

1 すでにデータを並べ替えている場合は、 をクリックして「並べ替えられた行」のステップを削除しておきます。その後、［列の追加］タブを選択し、「インデックス列」→（最初の番号）を選択します。

2 データ表の右端に「インデックス」という列が作成され、通し番号の数値データが自動入力されます。この「列の名前」を「No.」などに変更します。

3 「インデックス列」をデータ表の左端へ移動し、その後、データの並べ替えを行います。

　このようにデータ表に「インデックス列」を用意しておくと、「インデックス列」の昇順に並べ替えるだけで、データを元の並び順に戻すことができます。もちろん、この操作はPower Queryだけでなく、データを出力した後のExcelでも実行できます。

第3章

データの加工・変換

■■■

「Power Query エディター」にデータを読み込み、適切なデータ表に整形できたら、次は用途に合わせてデータを加工・変換していきます。第3章では、データを加工・変換するコマンドについて解説していきます。

14 列の結合と分割

Power Queryには、複数の列に分割されているデータを結合したり、ルールに従って列を分割したりできるコマンドが用意されています。まずは、列を結合したり、分割したりするときの操作手順を解説します。

X 列の結合と分割について

　以下に示した図は、あるサービスの会員名簿を「Power Query エディター」に読み込み、必要な列だけを残したものです。ただし、取得元のExcelファイルが少し変な仕様で作成されていたため、読み込んだデータ表も少し変な形式になっています。

　具体的には、「氏名」は姓と名の両方が1列に入力されているのに、そのフリガナは「カナ姓」と「カナ名」の2列に分割されている……、という状況になっています。

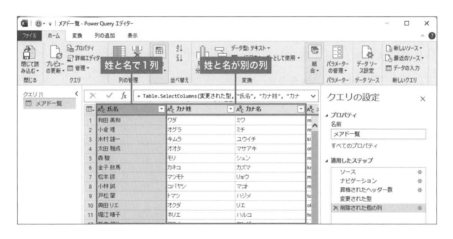

　これを改善するには、以下のいずれかの処理を行わなければいけません。

　　・「カナ姓」と「カナ名」を結合して1列にする
　　・「氏名」を「姓」と「名」の2列に分割する

　これらの処理は通常のExcelでも実行できますが、Power Queryで処理した方が簡単で状況を把握しやすいというケースが沢山あります。列の結合／分割のほかにも、あらかじめ加工しておきたい処理がある場合は、なおさらPower Queryでまとめて加工しておいたほうが効率的です。

X 列の結合（列のマージ）

　まずは、複数の列を1つの列に結合するときの操作手順を解説します。列を結合する処理は、以下のように操作すると指定できます。

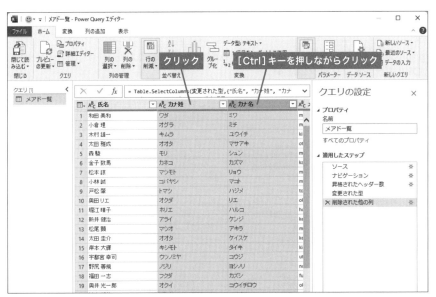

1 結合する**順番**に列を同時選択します（[Ctrl]キーを押しながら「列の名前」をクリックしていきます）。

2 [変換]タブを選択し、「列のマージ」をクリックします。

間に挿入する文字を選択

「列の名前」を入力

クリック

3 区切り記号を指定し、結合後の「**列の名前**」を入力してから
[**OK**] ボタンをクリックします。

4 選択していた列のデータが 1 つの列に結合されます。

Excel で列を結合するには？

　通常の Excel で列を結合するときは、「=B2&" "&C2」のように「&」を使ってデータ
を結合し、これをオートフィルでコピーするのが一般的です。特に難しい作業ではあり
ませんが、結合前の列 (B 列と C 列) を残しておく必要があり、無駄に列が増えてしま
う……、という不都合が生じてしまいます。Power Query の場合は、シンプルに「列の
結合」だけを行えるため、すっきりしたデータ表に仕上げることができます。

X 結合したデータで「新しい列」を作成する場合

　結合前の列を残したまま、新しい列にデータを結合する方法も用意されています。この場合は、[列の追加] タブにある「列のマージ」を使用します。コマンドの使い方は、先ほど示した手順と基本的に同じです。

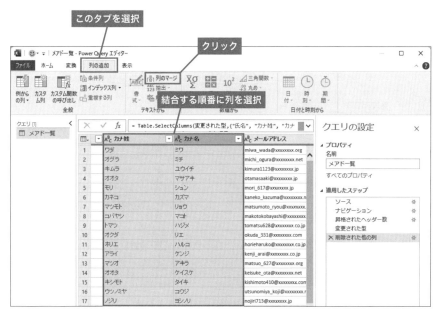

X 列の分割（区切り記号の活用）

　続いては、1つの列を「複数の列」に分割する方法を解説します。この場合は、**区切り記号**を指定してデータを分割するのが一般的です。ここでは「スペース」でデータを区切って列を分割する場合を例に、その操作手順を解説します。

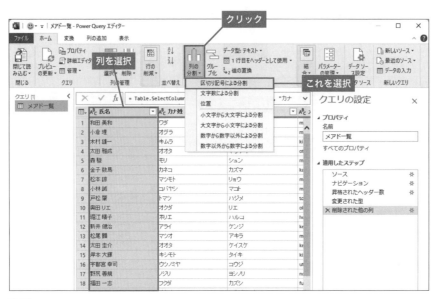

1 分割する列を選択し、「**列の分割**」→「**区切り記号による分割**」を選択します。

2 区切り記号に「**スペース**」を選択し、［**OK**］ボタンをクリックします。

区切り記号と列数の指定

区切り記号には、コロン、コンマ、等合、セミコロン、スペース、タブのいずれかを指定できます。そのほか、カスタムを選択して「好きな文字」を区切り記号に指定することも可能となっています。また、「詳細設定オプション」を展開すると、「分割後の列数」などを指定できるようになります。

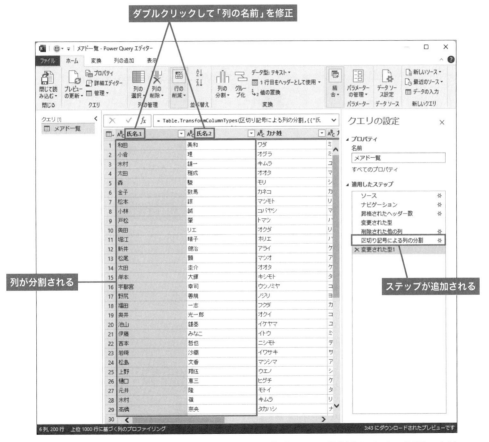

ダブルクリックして「列の名前」を修正

列が分割される

ステップが追加される

3 区切り記号（スペース）を基準にデータが複数の列に分割されます。必要に応じて、それぞれの**「列の名前」**を修正しておきます。

　列を分割する際に、区切り記号に「**カスタム**」を選択し、**好きな文字**でデータを分割することも可能です。たとえば、区切り記号に「部」の文字を指定して部署名を「部」と「課」に分割する、などの用途に活用できます。ただし、この場合は「部」の文字を削除した形でデータが分割されることに注意しなければいけません。

区切り記号に「部」を指定して列を分割

「部」の文字を削除してデータが分割される

　このような場合は、後ほど「部」の文字を補ってあげると、列（データ）を正しく分割できます。

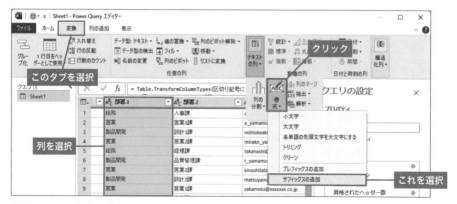

1 「部」の文字を追加する列を選択します。続いて、[変換]タブを選択し、「書式」→「サフィックスの追加」を選択します。

2 追加する文字となる「部」を入力し、[OK]ボタンをクリックします。

「部」の文字が最後に追加される

ステップが追加される

3 各データの最後に「部」の文字が追加されます。

データの先頭に文字を追加

　同様の手順で「データの先頭」に文字を追加することも可能です。この場合は、「書式」→「プレフィックスの追加」を選択します。

　そのほか、「**列の分割**」には以下のような分割方法が用意されています。データの文字数が決まっている場合などは、以下の方法で列を分割しても構いません。

■ 文字数による分割

　「左から N 文字」とか「右から N 文字」といった具合に、**文字数**で分割する位置を指定します。「2 文字ずつの分割を繰り返す」なども指定可能です。

■ 位置

　データを区切る位置を **N 文字目**で指定します。たとえば、「0,2,5」と指定すると、「1〜2 文字目」、「3〜5 文字目」、「6 文字目以降」という具合にデータを 3 つの列に分割できます。

■ 小文字から大文字による分割

　アルファベットが「小文字」から「大文字」に変化する位置でデータを分割します。

　　例：currentUserItem ……………「current」、「User」、「Item」の 3 列に分割

■ 大文字から小文字による分割

　アルファベットが「大文字」から「小文字」に変化する位置でデータを分割します。

　　例：typeAversionCbeta …………「typeA」、「versionC」、「beta」の 3 列に分割

■ 数字から数字以外による分割

　文字列が「数字」から「数字以外」に変化する位置でデータを分割します。単位付きの数値から単位を削除する場合などに活用できます。

　　例：1500 円 ……………………「1500」、「円」の 2 列に分割

■ 数字以外から数字による分割

　文字列が「数字以外」から「数字」に変化する位置でデータを分割します。単位付きの数値から単位を削除する場合などに活用できます。

　　例：size80 ……………………「size」、「80」の 2 列に分割

15 データの抽出と文字の挿入

続いては、データから「一部の文字」だけを抽出する方法を解説します。また、「列の分割」と「列の結合」を応用してデータの途中に文字を挿入したり、一定のルールに従って文字を加工したりする方法も紹介します。

X データの一部分を抽出して「新しい列」を作成

第1章で紹介した例では、「7月1日の売上.xlsx」などのデータから「7月1日」の文字だけを抽出して「日付」の列を作成しました。このように既存のデータから「一部の文字」だけを抜き出して「新しい列」を作成するときは、「抽出」というコマンドを使用します。

復習の意味も兼ねて、「部署」の列から「○○課」の文字だけを抽出するときの操作手順を紹介しておきます。

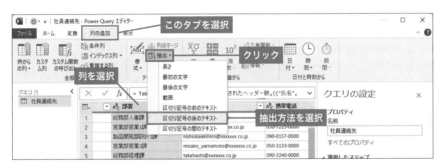

1 データの抽出元となる列を選択します。続いて、[列の追加]タブにある「抽出」をクリックします。今回の例では「部」より後の文字を抽出するので「区切り記号の後のテキスト」を選択します。

2 区切り記号を指定する画面が表示されるので、「部」と入力して[OK]ボタンをクリックします。

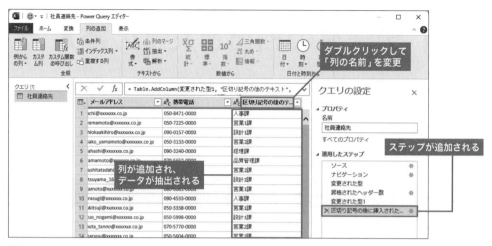

3 データ表の右端に列が追加され、「部」より後にある文字が抽出されます。あとは「列の名前」をダブルクリックして適当な名前に変更するだけです。

　このように特定の文字を基準にしてデータを抽出し、「新しい列」を作成することも可能です。このとき、**「区切り記号」に指定した文字は抽出されない**ことに注意してください。「区切り記号」の文字を含めてデータを抽出したい場合は、P140～141で紹介した「サフィックスの追加」や「プレフィックスの追加」を利用します。

　「区切り記号」を指定してデータを抽出する方法は、以下の3種類が用意されています。

- ・区切り記号の前のテキスト …………「区切り記号」より前にある文字を抽出
- ・区切り記号の後のテキスト …………「区切り記号」より後にある文字を抽出
- ・区切り記号の間のテキスト …………2つの「区切り記号」の間にある文字を抽出

　「区切り記号の間のテキスト」を選択した場合は、「開始区切り記号」と「終了区切り記号」を指定する設定画面が表示されます。そして、これら2つの文字の「間にある文字」が抽出される仕組みになっています。

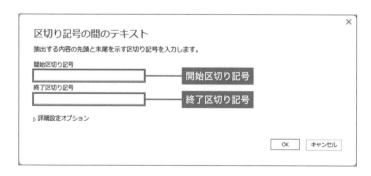

また、それぞれの設定画面には詳細オプションが用意されています。ここでは、「区切り記号」を検索する方向（先頭／末尾）、スキップする数を指定できます。たとえば、以下の図のように設定すると、2番目に登場する「 - 」の後の文字だけを抽出できます。

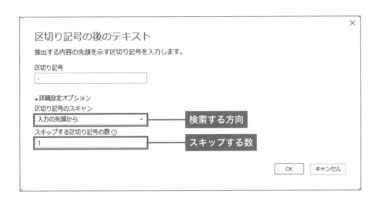

そのほか、「抽出」コマンドには、以下のような抽出方法が用意されています。

- ・長さ ……………… 各データの文字数を数値データとして抽出
- ・最初の文字 ………… 各データの先頭から指定した文字数だけ文字を抽出
- ・最後の文字 ………… 各データの末尾から指定した文字数だけ文字を抽出
- ・範囲 ………………… N文字目から指定した文字数だけ文字を抽出
  ※N文字目は0からカウントします。

X　データの途中に文字を挿入

P089～091とP109～110で紹介した例では、各ワークシートの名前が「7月1日」のように命名されていたため、各ワークシート名をそのまま「日付」として扱うことができました。今回は、ワークシート名が以下の図のように命名されていたケースを考えてみましょう。

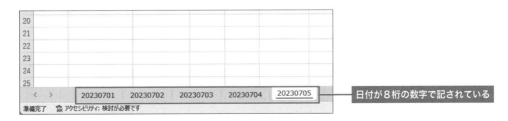

日付が8桁の数字で記されている

この場合、ワークシート名を日付として扱うことができません。日付として扱うには、途中に「／」の文字を挿入して「2023/07/01」のように加工しておく必要があります。このようにデータの途中に文字を挿入したいときは、「**列の分割**」と「**列の結合**」（列のマージ）を組み合わせることで解決できるケースもあります。具体的な操作手順を紹介しておきましょう。

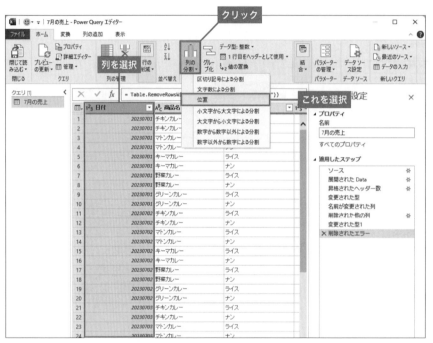

1 文字を挿入する列を選択し、「列の分割」をクリックします。今回はN文字目を指定して列を分割するので、「位置」を選択します。

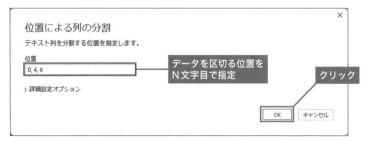

2 今回の例では、「年」が1〜4文字目、「月」が5〜6文字目、それ以降に「日」が入力されています。よって、位置を「0,4,6」と指定し、[OK]ボタンをクリックします。
　※N文字目は0からカウントします。

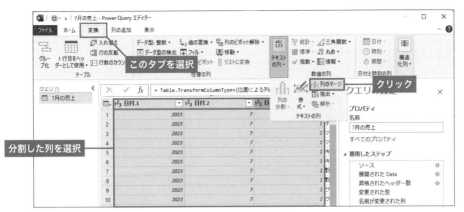

3 これで「8桁の数字」を3つの列（年、月、日）に分割できました。続いて、これらの列を同時に選択し、[変換]タブにある「列のマージ」をクリックします。

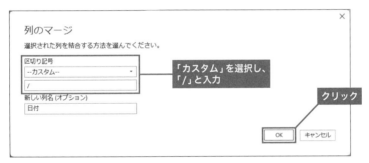

4 区切り記号に「カスタム」を選択し、「/」と入力してから[OK]ボタンをクリックします。

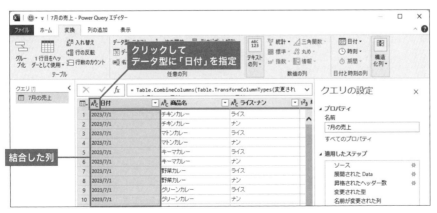

5 データが「/」で区切って連結されます。これでデータを日付として扱えるようになりました。🅰🄱をクリックし、データ型に「日付」を指定します。

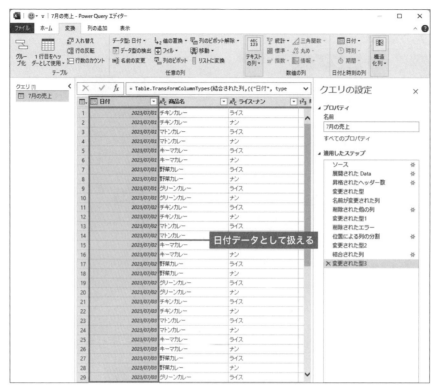

6 データ型が「日付」に変更されます。これで日付データを作成することができました。

　このように、いちど列を分割し、その後「区切り記号」を指定して列を結合することで、好きな位置に文字を挿入できるケースもあります。

　同様の処理をExcel関数で行うことも可能ですが、複数の関数を組み合わせる必要があり、少しだけ記述が面倒になります。Power Queryで処理した方が直感的に操作でき、関数の知識も必要としません。色々な場面に応用できるテクニックとして覚えておくと役に立つでしょう。

データが数値として扱われる場合は？

　「0701」や「0702」のようにデータが入力されていた場合、数値データの701や702と判断され、最初の0（ゼロ）が削除されてしまうケースもあります。このような場合は、データ型を「テキスト」に変更すると、最初の0を復元できます。

X 「例からの列」を使ったデータの抽出

　既存のデータから「一部の文字」を抜き出したり、途中に文字を挿入したりするときに、「例からの列」というコマンドが活用できる場合もあります。内容の伝わりづらいコマンド名になっていますが、このコマンドはExcelのフラッシュフィルによく似た機能と考えられます。

　具体的な例を紹介していきましょう。先ほど紹介した「20230701」を「2023/07/01」に加工する処理は「例からの列」でも実現できます。

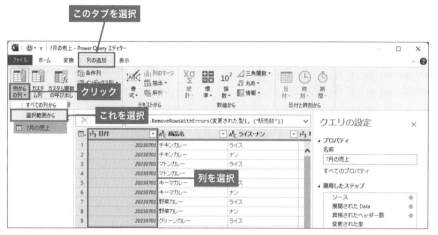

1 加工前のデータが入力されている列を選択します。続いて、[列の追加] タブを選択し、「**例からの列**」→「**選択範囲から**」を選択します。

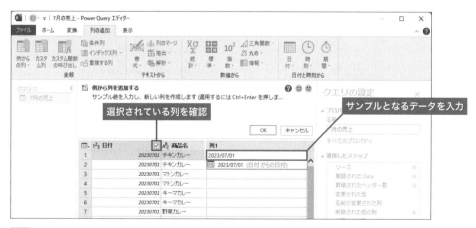

2 このような画面が表示されるので、加工前の列が正しく選択されていることを確認します。続いて、加工後の**サンプルとなるデータ**を入力します。

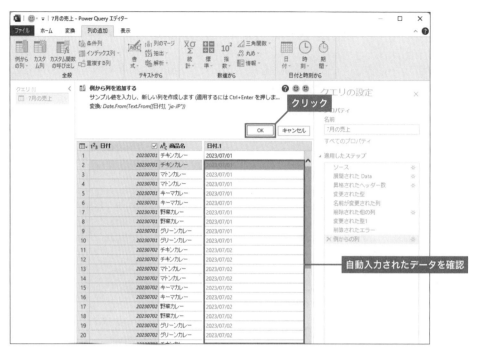

3 「どのように加工すべきか？」が自動的に検知され、以降のデータが自動入力されます。これが正しいことを確認できたら **[OK]ボタン**をクリックします。

4 データ表の右端に「新しい列」が追加され、そこに加工後のデータが自動入力されます。あとは**「列の名前」**を変更するだけです。

このように「加工後のサンプル」を入力するだけで、「どのように加工すべきか？」を自動検知し、それに従ってデータを自動入力した列を作成してくれる機能が「例からの列」となります。

ただし、必ずしも一発で正解が導き出されるとは限りません。今度は「部署」の列から「○○部」だけを抽出する処理を「例からの列」で試してみましょう。

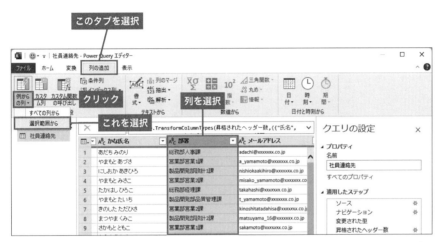

1 加工前のデータが入力されている列を選択します。続いて、［列の追加］タブを選択し、「例からの列」→「選択範囲から」を選択します。

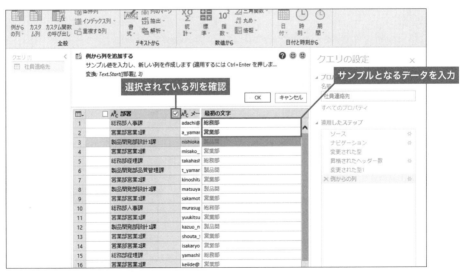

2 加工後のサンプルとなるデータを入力します。今回は、「総務部」、「営業部」という具合に2行分のサンプルを入力しましたが、正しく加工方法が検知されませんでした。現時点では「先頭の3文字を抜き出す処理」として検知されています。

3 **さらにサンプルを入力**すると、上図のような結果になりました。null（データなし）も登場するようになり、まだ正しい加工方法は検知されていません。

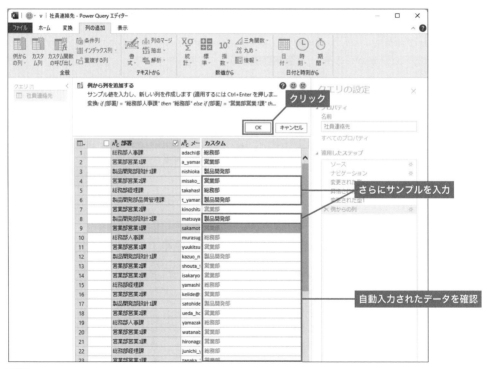

4 加工後のデータが正しくない部分について、**さらにサンプルを入力**していくと、ようやく正しい加工方法が検知されました。これを確認してから[**OK**]ボタンをクリックします。

5 データ表の右端に「新しい列」が追加され、そこに加工後のデータが自動入力されます。あとは「列の名前」を変更するだけです。

　このように正しい加工方法が検知されるまでに何個ものサンプルを入力しなければならないケースもあります。状況によっては、「いつまでたっても正しい加工方法が検知されない……」というケースもあります。便利な機能ではありますが、実際に試してみるまで結果を予測しにくいのが「例からの列」の難点といえます。

X　複数の列を対象にした「例からの列」

　複数の列を対象にして「**例からの列**」でデータを加工することも可能です。今度は、「型番」に「リリース年」と「色」を追加して「商品コード」を作成する場合を例に、操作手順を紹介していきます。なお、「商品コード」は以下のルールに従って作成するものとします。

- 「型番」からハイフン（-）を削除
- 「リリース年」の下2桁だけを抽出
- 「色」の略記号だけを抽出
- 上記3つをハイフン（-）でつなぐ

1 「型番」、「リリース年」、「色」の列を同時に選択します。続いて、[列の追加]
タブを選択し、「例からの列」→「選択範囲から」を選択します。

2 加工後のサンプルとなるデータを入力していきます。とりあえず2行分のサンプルを入力し
てみましたが、まだ加工方法は正しく検知されていません。

3 さらにサンプルを入力すると、「リリース年の下2桁を抽出」は正しく検知されました。し
かし、「色の略記号だけを抽出」は正しく検知されていません。

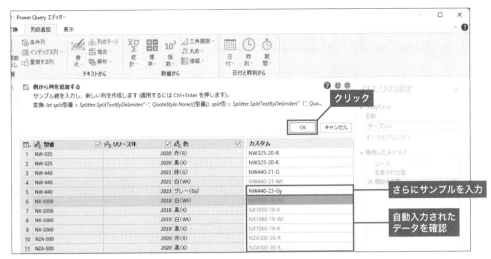

4 正しく加工されていないデータについて、**さらにサンプルを入力**していくと、加工方法が正しく検知されました。これを確認してから［**OK**］ボタンをクリックします。

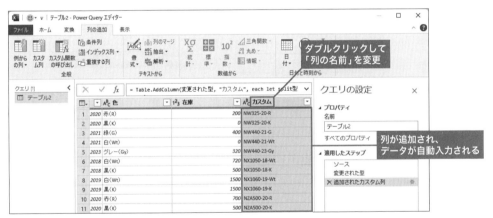

5 データ表の右端に「新しい列」が追加され、そこに加工後のデータが自動入力されます。あとは「**列の名前**」を変更するだけです。

　このように、少し複雑な加工を「例からの列」で実現することも可能です。「列の分割」と「列の結合」で処理するのが大変な場合に活用できるかもしれません。ぜひ、覚えておいてください。

16 文字の置換とトリミング

「Power Query エディター」で文字を置換するときは「値の置換」というコマンドを使用します。また、「書式」コマンドを使って不要なスペースを自動削除することも可能です。続いては、置換とトリミングについて解説します。

X 文字の置換（値の置換）

取得元のデータに「半角スペース」と「全角スペース」が混在していたときは、[変換]タブにある「値の置換」を利用して文字を統一します。「値の置換」と聞くと少し難しそうに感じてしまいますが、これは一般的な置換機能と考えて構いません。よって、すぐに使い方を覚えられると思います。

データを等幅フォントで表示

[表示]タブを選択して「等幅」の項目をONにすると、データを等幅フォントで表示できるようになります。スペースの半角／全角を見分けにくい場合に活用してください。上図もデータの文字を「等幅」で表示しています。

ここでは、「全角スペース」→「半角スペース」の置換を行うことで、スペースを半角に統一する場合の操作手順を紹介します。

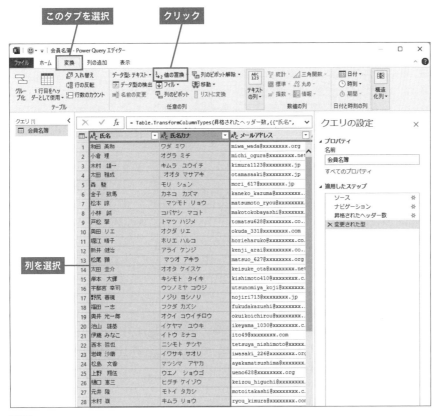

1 置換の対象にする列を選択し、［変換］タブにある「値の置換」をクリックします。

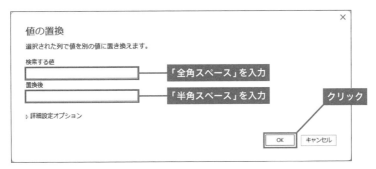

2 置換前の文字を「検索する値」、置換後の文字を「置換後」に入力し、［OK］ボタンをクリックします。今回の例では、それぞれに「全角スペース」と「半角スペース」を入力しました。

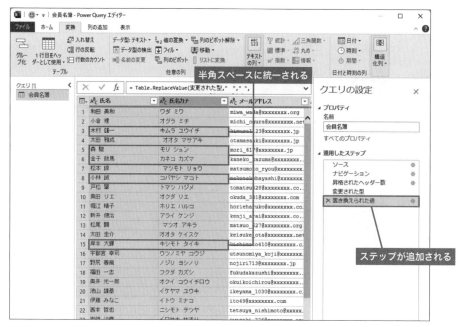

3 「全角スペース」→「半角スペース」の置換が行われ、スペースの文字が半角に統一されます。

このように Power Query でも文字の置換を行うことが可能です。もちろん、文字を統一する場合だけでなく、普通に「特定の文字」を「指定した文字」に置き換える、といった目的で「値の置換」を利用しても構いません。

なお、「値の置換」の設定画面で詳細設定オプションをクリックすると、以下のような設定項目が表示されます。

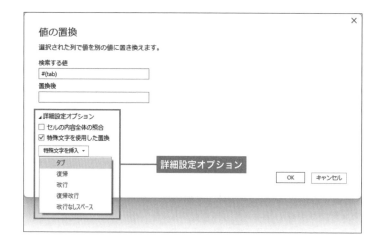

「セルの内容全体の照合」をONにすると、文字単位ではなく、セル単位で置換が行われるようになります。たとえば、「abc」→「xyz」という置換を指定した場合、値が「abc」のセルは「xyz」に置換される、値が「abcde」のセルは何も置換されない、という結果になります。

　「特殊文字を使用した置換」は、タブや改行などの特殊文字を使った置換を行うときに利用します。この項目をONにして特殊文字を選択すると、そのエスケープ シーケンスを「検索する値」や「置換後」に入力できます。

エラーの置換

　「値の置換」にはError（エラー）のデータを置換する機能も用意されています。Errorになっているデータを置換するときは、「値の置換」の⏷をクリックし、「エラーの置換」を選択します。

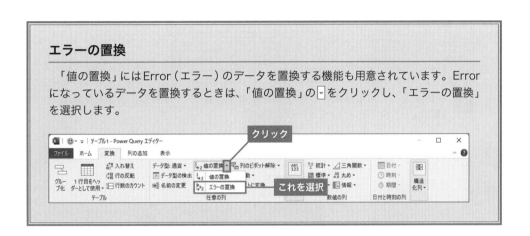

X　不要なスペースの削除（トリミング）

　データの前後に不要なスペースが入力されている場合もあるでしょう。このような場合は、トリミングという機能を使うと、不要なスペースを自動削除できます。なお、トリミングにより削除されるのは、データの先頭または末尾にあるスペースだけで、データの途中にあるスペースは削除されません。

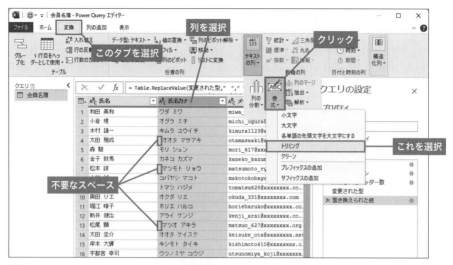

1 不要なスペースを削除する**列を選択**します。続いて、[変換]タブを選択し、「書式」→「トリミング」を選択します。

2 データの前後にあるスペースが自動的に削除されます。

そのほか、「書式」コマンドには以下のような機能が用意されています。

- ・大文字 ……………………… アルファベットをすべて大文字に変換
- ・小文字 ……………………… アルファベットをすべて小文字に変換
- ・各単語の先頭文字を大文字にする ……… 各単語の先頭だけを大文字に変換
- ・トリミング …………………… データの前後にあるスペースを削除
- ・クリーン ……………………「セル内の改行」などの制御文字を削除
- ・プレフィックスの追加 ……… データの先頭に文字を追加
- ・サフィックスの追加 ………… データの末尾に文字を追加（P140〜141参照）

17 条件列を使ったグループ分け

「Power Query エディター」には「条件列」という機能も用意されています。この機能を使うと、条件に応じて「決められたデータ」を自動出力した列を作成できます。続いては、「条件列」の使い方を解説します。

X 「条件列」を使って分類用の列を作成

これまでに紹介したカレー弁当店の例には「ライス・ナン」という列が用意されていました。このようにデータを分類するための列を用意しておくと、「ライス」または「ナン」のデータだけを集計する、「ライス」と「ナン」の売上を比較する、などの分析を手軽に行えるようになります。

では、取得元のデータが下図のようになっていた場合はどうでしょうか？　この場合、ライス／ナンが「商品名」に含まれているため、「ライス」と「ナン」を手軽に分類することはできません。よって、それだけデータを分析しづらい状況になってしまいます。

このような場合は、「**条件列**」という機能を使って**データ分類用の列**を作成しておくと
便利です。

1 ［列の追加］タブを選択し、「条件列」をクリックします。

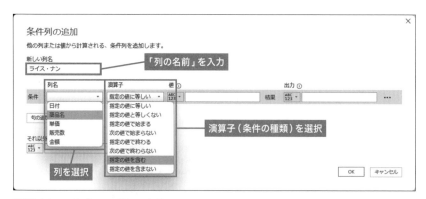

2 新しく作成する「列の名前」を入力します。続いて、条件を指定していきます。
条件の対象にする列を選択し、演算子（条件の種類）を選択します。

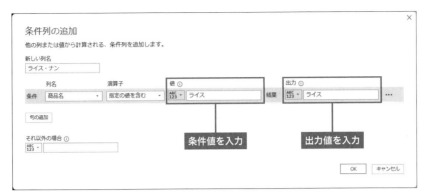

3 続いて、**条件値と出力値を入力**します。上図の場合、「商品名」に「ライス」の文字が含まれていたら「ライス」のデータを出力、という指定になります。

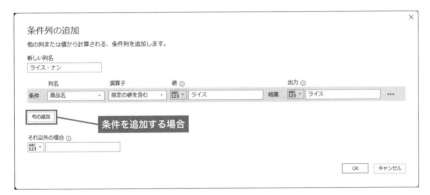

4 さらに条件を追加していくことも可能です。この場合は [句の追加] ボタンをクリックします。

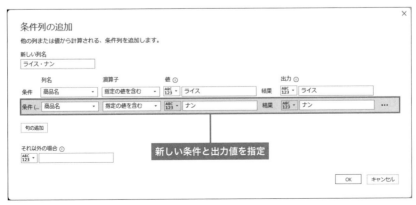

5 新しい**条件と出力値を指定**します。上図の場合、「商品名」に「ナン」の文字が含まれていたら「ナン」のデータを出力、という指定になります。

条件列の追加
他の列または値から計算される、条件列を追加します。

新しい列名
ライス・ナン

	列名	演算子	値 ①		出力 ①
条件	商品名 ▼	指定の値を含む ▼	ABC 123 ライス	結果	ABC 123 ライス
条件 (...	商品名 ▼	指定の値を含む ▼	ABC 123 ナン	結果	ABC 123 ナン ...

句の追加

それ以外の場合 ①
ABC 123 ▼ その他

クリック

どの条件にも合致しない場合の出力値

OK　キャンセル

6 どの条件にも合致しない場合の出力値は**「それ以外の場合」**に入力します。上図の場合、「商品名」に「ライス」または「ナン」の文字が含まれていなかったら「その他」のデータを出力、という指定になります。すべて指定できたら[OK]ボタンをクリックします。

ドラッグして並び順を変更

条件に応じたデータが自動出力される

7 データ表の右端に新しい列が追加され、そこに条件に応じたデータが自動出力されます。「列の名前」を左右にドラッグし、列の並び順を変更します。

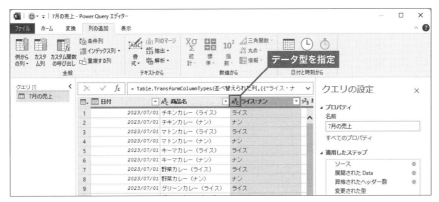

8 新しく作成した列に適切な**データ型**を指定します。以上で「分類用の列」の作成
は完了です。

　これで「ライス」と「ナン」のデータを分類できるようになりました。データ表をExcel
に出力した後、フィルター機能を使って「ライス」だけのデータを表示すると、以下の図
のような結果が得られます。続いて、関数SUBTOTALを使って合計などを算出すると、
分類別のデータ分析を行えるようになります。

なお、今回の例は「商品名」に必ず「ライス」または「ナン」の文字が含まれているため、以下の図のように1つの条件で「分類用の列」を作成することも可能です。指定した条件を削除するときは、右端にある ... をクリックして「削除」を選択します。

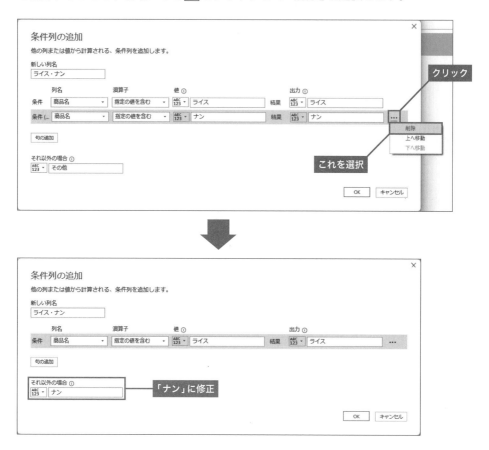

　この場合、「商品名」に「ライス」の文字が含まれていたら「ライス」のデータを出力、それ以外の場合は「ナン」のデータを出力、という指定になります。

不要になった文字の削除

　分類用の列を作成できたら、「商品名」にある（ライス）や（ナン）の文字は削除しても構いませんし、そのまま残しておいても構いません。このあたりは各自の趣味の問題です。これらの文字を「Power Query エディター」で削除するときは、①区切り記号に「（」を指定して列を分割する、②不要な列（後半の列）を削除する、などの操作を行います。

数値の範囲を指定した「条件列」の活用

　条件の対象にする列に**数値データ**が入力されていた場合は、「指定の値以上」や「指定の値より小さい」などの条件を選択できるようになります。

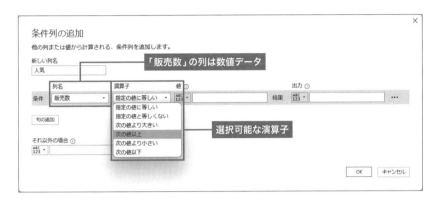

　このため、**数値の範囲**を条件に「分類用の列」を作成することも可能です。たとえば、以下の図のように条件を指定すると、

- ・「販売数」が20以上の場合 ……………… 高
- ・「販売数」が10以上の場合 ……………… 中
- ・それ以外の場合 ……………………………… 低

人気が「高／中／低」というデータで「分類用の列」を作成できます。

なお、それぞれの条件は**上に表示されている条件**ほど**優先順位が高い**というルールになっています。よって、**条件を指定する**順番にも注意する必要があります。

たとえば、先ほどの例を以下の図のように指定すると、「販売数が10以上」が最も優先される条件になり、「販売数が20以上」の条件は意味をなさなくなります。

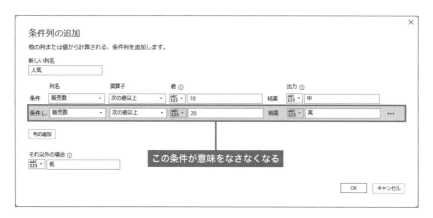

仮に「販売数」が25であったとしましょう。この場合、「販売数が10以上」の条件に合致するため「中」のデータが出力されます。この時点で、その次にある「販売数が20以上」の条件は無視されます。その結果、「高」のデータは1つも出力されなくなります。これでは意図していたデータ分類になりません。

このように数値の範囲を条件に「分類用の列」を作成するときは、条件の優先順位にも注意しておく必要があります。

18 カスタム列と数値計算

[列の追加] タブにある「カスタム列」は、自由に式を入力して「新しい列」を作成できる機能です。この機能を使って（単価）×（個数）などの計算を行うことも可能です。続いては、数値計算を行う方法を解説します。

X カスタム列を使った数値計算

「Power Query エディター」で**数値計算**を行いたい場合もあるでしょう。これまでに紹介してきたカレー弁当店の例では、「単価」×「販売数」を計算した「金額」の列が取得元データに用意されていました。ここでは、この「金額」の列が取得元データに用意されていなかったケースを考えてみましょう。

▼7月の売上.xlsx

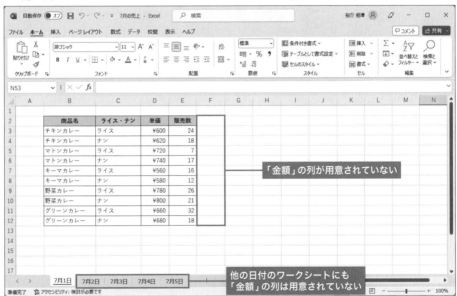

このような場合は、「Power Query エディター」で計算を行うことにより「金額」の列を追加することも可能です。自分で数式を入力して数値計算を行うときは、「**カスタム列**」というコマンドを使用します。

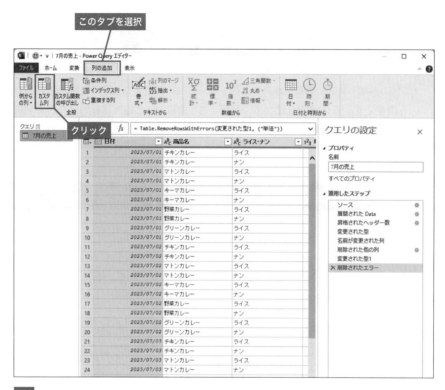

1 ［列の追加］タブを選択し、「**カスタム列**」をクリックします。

「列の名前」を入力

クリックしてカーソルを移動

2 このような画面が表示されるので、新しく作成する列の「**列の名前**」を入力します。その後、「**カスタム列の式**」の枠内をクリックしてカーソルを移動します。

170

3 続いて、数式を入力していきます。参照するデータは[列の名前]という形式で入力します。このとき、右側に表示されている**列名をダブルクリック**して[列の名前]を入力することも可能です。

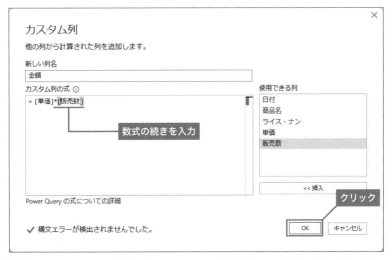

4 計算方法を示す**演算子（+、-、*、/）を入力**し、数式の続きを入力していきます。数式を入力できたら[**OK**]ボタンをクリックします。

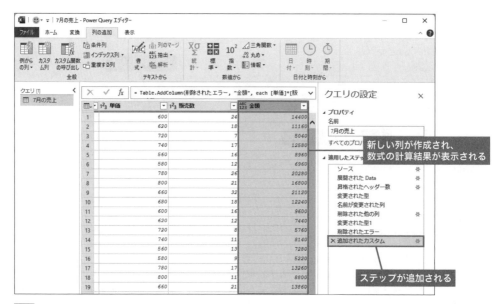

5 データ表の右端に新しい列が作成され、そこに各行の計算結果が表示されます。

6 必要に応じて適切なデータ型を指定します。

　以上が、Power Queryで計算を行うときの基本的な操作手順となります。参照するデータを[列の名前]で指定することにさえ注意すれば、Excelと同じような感覚で数式を使用できます。

念のため、「カスタム列」で使用できる演算子を以下にまとめておきます。「&」で文字列データを結合することも可能です。ただし、「＾」（べき乗）や「%」（パーセント）は使えないことに注意してください。また、演算子は**半角文字**で入力する必要があります。

■ 使用できる演算子

+ ················· 足し算

− ················· 引き算

* ················· 掛け算

/ ················· 割り算

& ················· 文字列データの結合 [※]

（※）「数値データ」を文字列として扱うデータ結合には対応していません。

なお、P026〜027で解説したように、桁区切り（,）や通貨記号（¥など）を表示したい場合は、データ表をExcelに出力した後、各列に適切な**表示形式**を指定します。

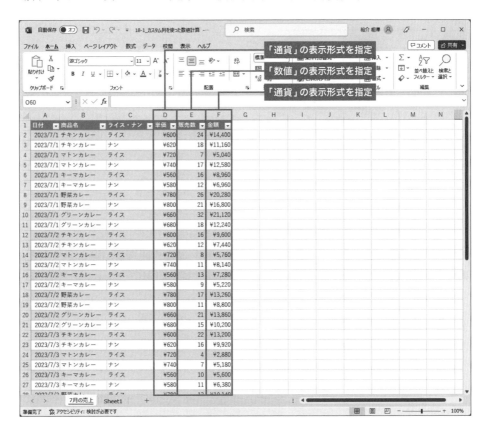

18

カスタム列と数値計算

173

構文エラーのチェック機能

　「カスタム列」の設定画面には、入力した数式をチェックする機能が装備されています。以下の図のように警告が表示された場合は、数式の記述に何らかの誤りがあると考えられます。この場合は［OK］ボタンをクリックできなくなります。

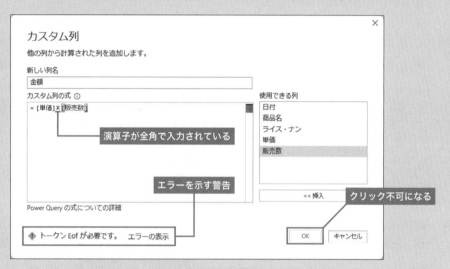

　P171の手順4のように「構文エラーが検出されませんでした。」と表示されていれば、数式の記述に問題はありません。ただし、構文に誤りがないだけで、必ずしも計算を実行できるとは限りません。たとえば、「文字列データ」と「数値データ」を掛け算する、などの計算を指定すると、その計算結果はErrorになります。

X　M関数の活用

　通常のExcelでは、数式だけでなく関数も使用できます。これと同じように、Power Queryでも関数を使用することが可能です。ただし、Power Queryで使える関数はM関数と呼ばれるもので、Excelの関数とは別物になることに注意してください。
　ここでは「日付」のデータから「曜日」を取得する場合を例に、関数の使い方を紹介しておきます。

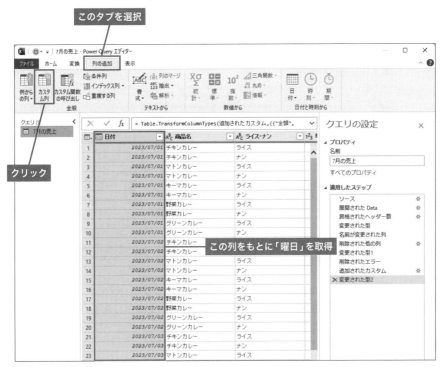

1 関数を使用するときも「カスタム列」を利用します。[列の追加] タブを選択し、「カスタム列」をクリックします。

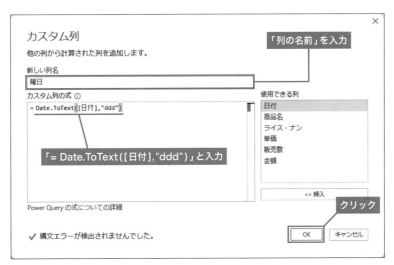

2 「日付データ」から曜日を取得するときは、Date.ToText という形で関数を記述し、カッコ内に [列の名前] と "ddd" を指定します。よって、上図のように式を記述します。

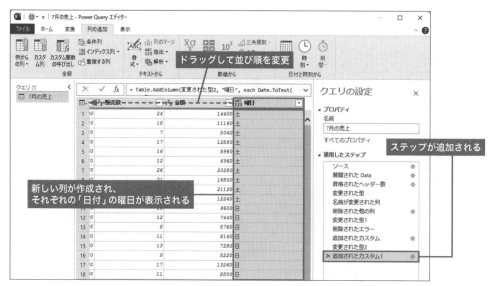

3 データ表の右端に新しい列が追加され、そこに「日付」に対応する曜日が表示されます。「列の名前」を左方向へドラッグし、列の並び順を変更します。

4 データ型に「テキスト」を指定します。

　このように、関数を使ってデータの取得・作成などの処理を行うことも可能です。ただし、そのためにはM関数の使い方を学んでおく必要があります。M関数について詳しく解説していくと、それだけで1冊の本になってしまうので、本書では説明を割愛しています。気になる方は、関数が必要になったときに、「M関数」などのキーワードでネット検索してみてください。ある程度は情報を入手できると思います。

　なお、単に「日付」から「曜日」を取得するだけなら、M関数を使わずにコマンドで処理することも可能です。これについてはP190で詳しく解説します。

19 数値の丸め

続いては、数値データの切り上げ／切り捨て／四捨五入を行う方法と注意点について解説します。特に四捨五入を行うときは、通常の四捨五入ではなく「偶数丸め」になることに注意しておく必要があります。

X 小数点以下を切り上げ／切り捨て／四捨五入

小数点以下を**切り上げ／切り捨て／四捨五入**して数値を丸めたい場合もあると思います。このような場合は、[変換]タブにある「丸め」というコマンドを使用します。

具体的な例を見ていきましょう。以下の図は、あるレストランの毎日の「売上」と「来客数」をまとめたデータ表を「Power Query エディター」に取り込んだものです。「客単価」の列は「カスタム列」で作成してあり、=[売上]/[来客数]の計算結果が表示されています。

= [売上]/[来客数]
の数式で計算

このように「割り算」などの計算を行うと、小数点以下が何桁もある数値データが作成されます。とはいえ、「そこまでの精度は必要ない……」というケースもあるでしょう。このような場合に「丸め」コマンドが活用できます。たとえば、小数点以下を**切り捨て**するときは、次ページのように操作します。

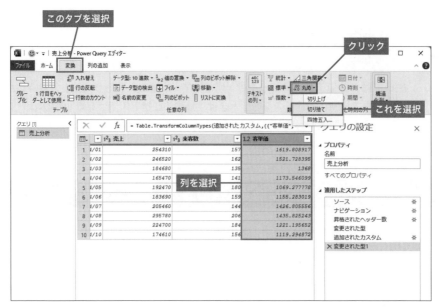

1 数値を丸める列を選択します。続いて、［変換］タブを選択し、「丸め」→「切り捨て」を選択します。

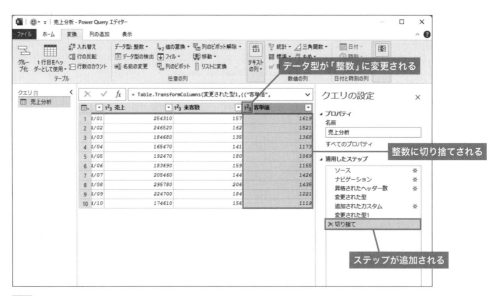

2 小数点以下が切り捨てされ、整数の数値データに変換されます。

　同様に、小数点以下を**切り上げ**して整数にすることも可能です。この場合は、「丸め」→「切り上げ」を選択します。

「丸め」→「四捨五入」を選択した場合は、桁数を指定する設定画面が表示されます。ここに「2」を指定すると、小数点以下2桁まで残す四捨五入を実行できます。また、マイナスの数値を指定して10単位や100単位に丸めることも可能です。たとえば、「-1」を指定すると10単位に四捨五入できます。

「丸め」は数値データそのものを変更する処理

　「丸め」コマンドは、Excelの表示形式のように「セルの見た目」だけを変更する機能ではありません。数値データそのものを切り上げ／切り捨て／四捨五入する機能となります。このため、以降の計算にも影響を及ぼします。勘違いしないように注意してください。

X ［列の追加］タブにある「丸め」コマンド

　［列の追加］タブにも「丸め」コマンドが用意されています。こちらは数値データを置き換える処理ではなく、**新しい列を作成して、そこに切り上げ／切り捨て／四捨五入した数値を出力する処理**となります。

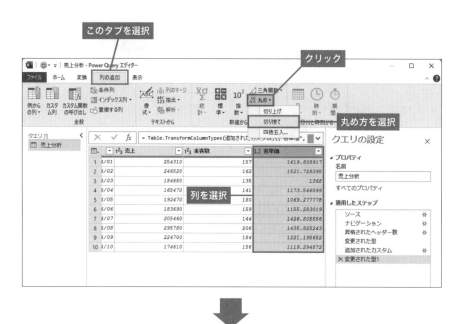

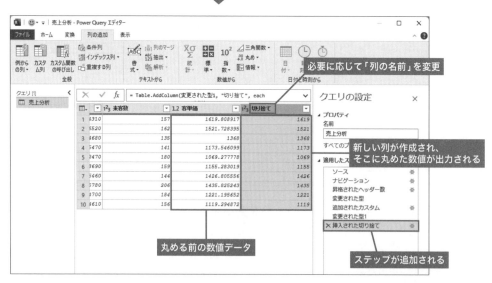

　使い方は同じですが、丸めた数値の出力方法が異なることに注意してください。

X 小数点以下2桁まで残すには？

「四捨五入」を選択したときは桁数を指定する画面が表示されますが、「切り上げ」や「切り捨て」の場合は桁数を指定できません。とはいえ、「小数点以下2桁まで残して切り捨てしたい」といったケースもあるでしょう。

このような場合は、以下のように処理を進めると「小数点以下2桁の切り捨て」を実現できます。

① 「カスタム列」を使って数値データを100倍した列を作成する
② この列に対して「丸め」→「切り捨て」を実行する
③ 「カスタム列」を使って「切り捨てた数値データ」を1/100にした列を作成する
④ 不要になった列を削除する

このようにステップ形式でデータを処理していき、最終的に求めている形にデータに加工できることもPower Queryの魅力のひとつです。

また、M関数を調べることで、もっとスマートに処理を実現できる場合もあります。たとえば、［列の追加］タブにある「丸め」→「切り捨て」を実行した後、そのステップの数式バーを見ると、以下のようなM言語が記されているのを確認できます。

このM言語にあるTable.AddColumnは「新しい列」を作成する関数です。そして、その中に「切り捨て」を行う関数Number.RoundDownが記述されています。この関数について調べるために「M関数　Number.RoundDown」のキーワードでネット検索を行うと、第2引数で桁数を指定できる、という情報を入手できます。

例3

1.999 を小数点以下が 2 桁になるように切り捨てます。

使用方法

Power Query M	📋 コピー
Number.RoundDown(1.999, 2)	

出力

1.99

第 2 引数を指定した例

　試しに、関数 Number.RoundDown のカッコ内に「, 2」を追加してみると、結果が「小数点以下 2 桁の切り捨て」に変更されるのを確認できます。

　ただし、データ型が「整数」（Int64.Type）のままでは不具合が生じてしまう恐れがあります。よって、データ型を「10 進数」（type number）に変更しておきます。

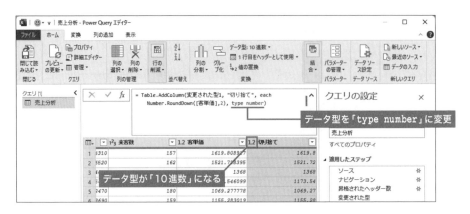

このようにＭ言語を書き換えることで、目的の処理内容にカスタマイズできるケースもあります。まだまだ情報が少ない部分もありますが、Power Queryの使い方に慣れてきたらＭ言語やＭ関数のカスタマイズにも挑戦してみてください。

なお、［変換］タブにある「丸め」→「切り捨て」のコマンドを選択した場合は、Number.RoundDownが関数として扱われていないため、上記の手法は使えません。

この場合は［列の追加］タブにある「丸め」→「切り捨て」を実行し、関数Number.RoundDownで桁数（第2引数）を指定した後、元の数値データの列を削除する、といった手順で作業を進める必要があります。念のため、覚えておいてください。

X 四捨五入するときの注意点

Power Queryで四捨五入するときは、少し特殊なルールがあることを覚えておく必要があります。簡単な例を示していきましょう。以下の図をよく見ると、10.5の数値データが10に四捨五入されているのを確認できます。一般的に考えると、10.5の四捨五入は11になるはずです。

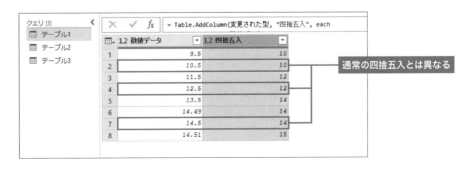

ほかにも、「12.5 → 12」や「14.5 → 14」のように一般的な四捨五入とは異なる部分が見受けられます。これは「**偶数丸め**」や「**銀行丸め**」と呼ばれる四捨五入で、**端数がちょうど0.5のときは最も近い偶数に丸める**という少し特殊なルールになっています。このルールに従うと、10.5の四捨五入は11（奇数）ではなく、10（偶数）になります。同様に、12.5の四捨五入は12（偶数）、14.5の四捨五入は14（偶数）になります。

四捨五入を「偶数丸め」にする理由は、「四捨五入する前の数値の合計」と「四捨五入した後の数値の合計」の誤差が小さくなる、という理論上のメリットがあるからです。とはいえ、「一般的な方法で四捨五入したい」という方もいるでしょう。このような場合は、関数 **Number.Round** の第3引数に **RoundingMode.AwayFromZero** を追加してモードを変更する必要があります。

Number.Round の引数

関数 Number.Round の第1引数には「四捨五入する列の名前」、第2引数には「桁数」が指定されています。第3引数には「四捨五入のモード」を指定しますが、これが省略されている場合は RoundingMode.ToEven（最も近い偶数へ）が指定されている、とみなされます。

具体的な操作手順を紹介しておきましょう。四捨五入を「偶数丸め」ではなく、一般的な四捨五入に変更するときは、以下のように操作してM言語を書き換えます。

1 四捨五入の処理を行った**ステップ**を選択し、数式バーを展開してM言語を確認します。

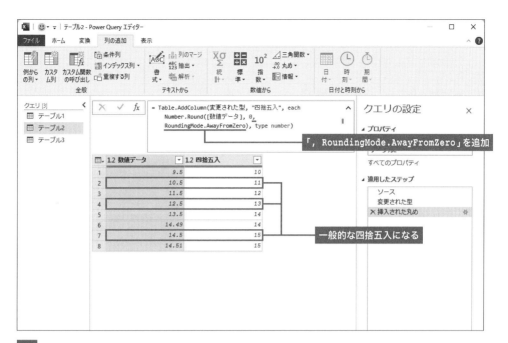

「, RoundingMode.AwayFromZero」を追加

一般的な四捨五入になる

2 関数Number.Roundの第3引数として「**RoundingMode.AwayFromZero**」を追加します。

　なお、「RoundingMode.AwayFromZero」のスペルを覚えるのが面倒な場合は、第3引数に数値の「2」を指定しても構いません。

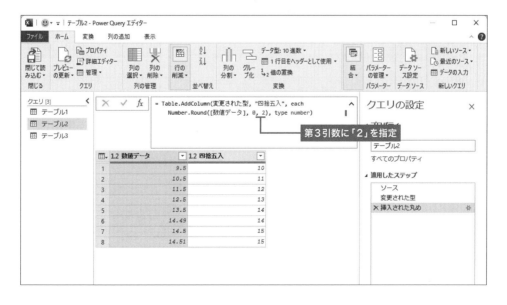

第3引数に「2」を指定

そのほか、関数Number.Roundには、以下のようなモードが用意されています。これらのモードも「名前」または「0〜4の数値」で指定することが可能です。

■ 関数Number.Roundの第3引数に指定できる値

名前	値	端数が0.5の場合の処理
RoundingMode.Up	0	大きい整数へ（切り上げ）
RoundingMode.Down	1	小さい整数へ（切り下げ）
RoundingMode.AwayFromZero	2	0から遠ざかる方向へ
RoundingMode.TowardZero	3	0に近づける方向へ
RoundingMode.ToEven	4	最も近い偶数へ（初期値）

　参考として、各モードで四捨五入したときの結果を以下に紹介しておきます。

■ 各モードにおける四捨五入の結果

数値データ	モード：0	モード：1	モード：2	モード：3	モード：4
-3.5	-3	-4	-4	-3	-4
-2.5	-2	-3	-3	-2	-2
-1.5	-1	-2	-2	-1	-2
-0.5	0	-1	-1	0	0
0.5	1	0	1	0	0
1.5	2	1	2	1	2
2.5	3	2	3	2	2
3.5	4	3	4	3	4

20 日時データの加工、計算

「日付データから月の数字だけを取得する」などの処理を行うコマンドも用意されています。また、Power Queryで日時の計算を行うことも可能です。ただし、計算結果が期間型のデータに自動変換されることに注意しなければいけません。

X 日付データから年、月、日だけを取得する

「Power Queryエディター」には、「日付」や「時刻」、「期間」といったコマンドも用意されています。これらを使って日時データを加工したり、日時の計算をしたりすることも可能です。

たとえば、来月に誕生日を迎える会員に「お誕生月クーポン」を送信する場合を考えてみましょう。この場合、「それぞれの会員が何月生まれか?」を調べて、来月に誕生日を迎える会員だけをピックアップしておく必要があります。仮に現在が8月だとすると、「9月生まれの会員」だけを抽出したデータ表を作成しなければいけません。この作業をPower Queryで処理してみましょう。

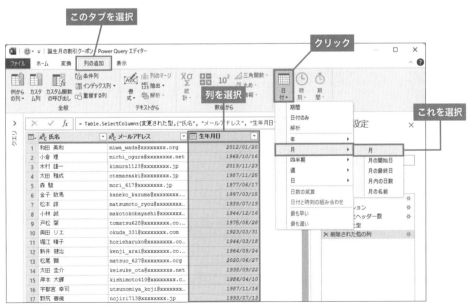

1 会員名簿のExcelファイルを読み込み、必要な列だけを残します。続いて、「生年月日」の列を選択し、[列の追加]タブにある「日付」→「月」→「月」を選択します。

187

2 「生年月日」の日付データから「月」だけを数値データとして取得した列が作成されます。

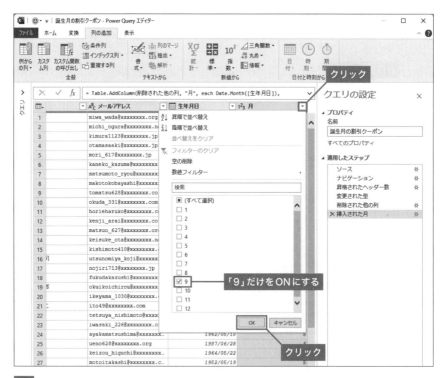

3 フィルター機能を使って「月」が「9」の会員だけを抽出します。

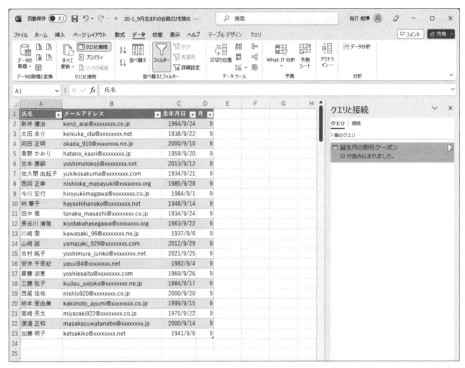

4 あとはExcelに出力するだけです。これで「9月生まれの会員」だけをピックアップしたデータ表を作成できます。

　もちろん、「月」以外の情報を数値データとして取得する機能も用意されています。「日付」→「年」→「年」で「年」の数値を取得する、「日付」→「日」→「日」で「日」の数値を取得する、などの処理を行えます。

　同様に、「時刻」のコマンドを使って時刻データから「時」、「分」、「秒」の数値を取得することも可能です。

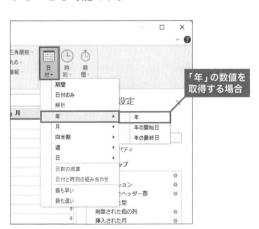

こういった処理は通常のExcelでも行えますが、そのためにはYEAR、MONTH、DAY、HOUR、MINUTE、SECONDといった関数の使い方を学んでおく必要があります。これらは使い方の難しい関数ではありませんが、「直感的に操作できる」という意味ではPower Queryのほうが便利かもしれません。

そのほか、「日付」→「月」→「月の開始日」で月始め（1日）の日付を取得する、「日付」→「日」→「曜日名」で曜日を取得する、といった処理を行うことも可能です。

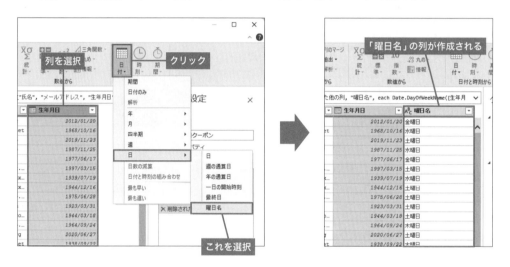

X 生年月日から年齢を取得する

「日付」コマンドには、現在までの経過期間を自動計算する機能も用意されています。この機能を使って「生年月日」から「現在の年齢」を算出することも可能です。

1 「生年月日」の列を選択し、［列の追加］タブにある「日付」→「期間」を選択します。

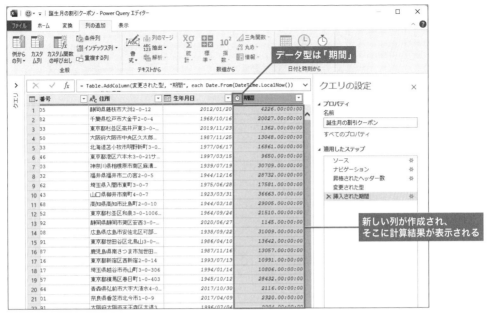

2 新しい列が作成され、「生年月日」から「現在の日付」までの経過日数が期間型の
データとして出力されます。

3 期間型のデータは「日数.時間:分:秒」という形で表示されます。このままでは
理解しにくいので単位を年に変換します。「期間」の列を選択し、[変換]タブに
ある「期間」→「合計年数」を選択します。

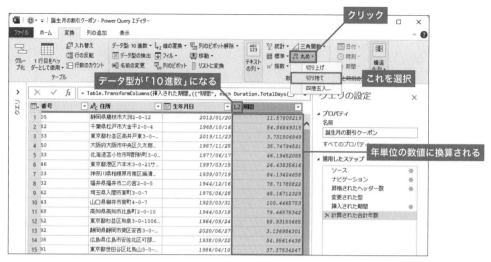

4 期間が年単位の数値に換算され、「10進数」の数値データとして表示されます。続いて、[変換]タブにある「丸め」→「切り捨て」を選択します。

5 小数点以下が切り捨てされ、現在までの経過年数、すなわち「年齢」を取得できます。あとは「列の名前」を「年齢」などに変更するだけです。

この方法で「年齢」のデータを作成しておくと、**クエリの更新**を実行するだけで「現在の年齢」を自動計算できるようになります。

なお、上の例を見るとわかるように、「日付」、「時刻」、「期間」のコマンドは[変換]タブと[列の追加]タブの両方に用意されています。どちらも似たような使い方になりま

すが、データが出力される場所（列）は異なります。無駄に列を増やさなくても済むように、適切なタブを選択するようにしてください。

［変換］タブ ··························· 選択した列のデータを置き換える
［列の追加］タブ ·················· 新しい列を作成し、そこにデータを出力する

「日付」、「時刻」、「期間」コマンドの使い分け

日付に関する操作を行うときは「日付」コマンド、時刻に関する操作を行うときは「時刻」コマンドを使用します。これらのコマンドを使って日時の計算を行うと、その結果は期間型のデータになります。この期間型データを年単位、月単位、日単位の数値データに変換するときに「期間」コマンドを使用します。

X 勤務時間を計算する

［列の追加］タブにある「日付」コマンドには「**日数の減算**」、「時刻」コマンドには「**減算**」という選択肢が用意されています。これらは「日時の引き算」を計算したいときに利用できます。

たとえば、「退時刻」から「出時刻」を引き算すると、その日の「勤務時間」を算出できます。この例における具体的な操作手順を以下に示しておきます。

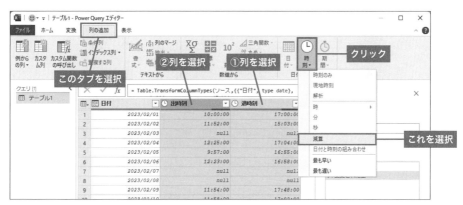

1 「退時刻」→「出時刻」の順番で2つの列を同時に選択します。続いて、［列の追加］タブにある「時刻」→「減算」を選択します。

2 「退時刻」-「出時刻」が計算され、その結果が新しい列に**期間型のデータ**として
出力されます。

3 「列の名前」を「勤務時間」などに変更し、データ表をExcelに出力します。

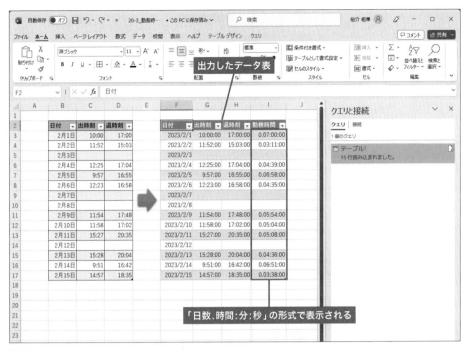

4 期間型のデータは、Excelでも「**日数.時間:分:秒**」の形式で表示されます。

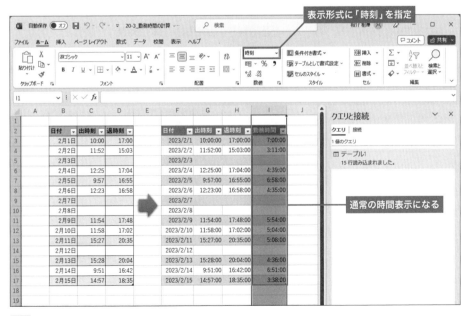

5 これを通常の時間表示にするときは、表示形式に「**時刻**」を指定します。

　先ほどは簡単な方法で「勤務時間」を計算しましたが、実際には途中に「休憩時間」があるケースもあるでしょう。このような場合は、「退時刻」−「出時刻」−「休憩時間」を計算すると「勤務時間」を求められます。ただし、「時刻」コマンドの「減算」は2つの列にしか対応していないため、3つ列を対象にした計算はできません。

　このような場合は「**カスタム列**」を使って日時の計算を行います。ただし、少しだけ注意が必要です。具体的な例を示していきましょう。まずは、各列のデータ型に「時刻」を指定した場合の例です。

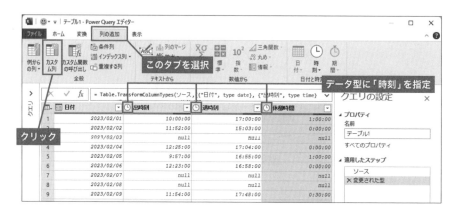

　「カスタム列」をクリックし、=[退時刻]−[出時刻]−[休憩時間]と数式を入力して[OK]ボタンをクリックすると、その結果はErrorになってしまいます。

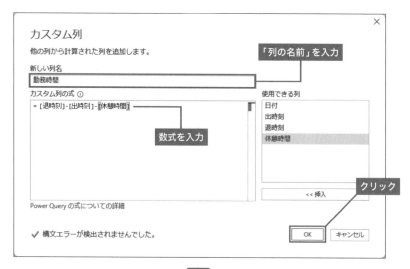

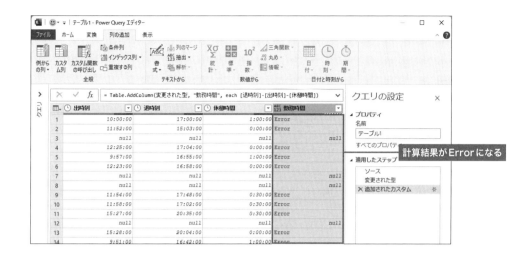

試しに、いずれかのErrorをクリックしてみると、以下の図のような警告が表示されるのを確認できます。

この警告は「データ型が異なるため計算できない」ということを示しています。前述したように、日時の計算を行うと、その結果のデータ型は「期間」になります。今回の例の場合、[退時刻]−[出時刻]の計算結果は「期間」のデータ型になります。一方、そこからさらに引き算する[休憩時間]のデータ型には「時刻」が指定されています。つまり、データ型が「期間」と「時刻」で異なっているため計算できない、というエラーになります。

こういったエラーを回避するには、「休憩時間」のデータ型に「**期間**」を指定しておく必要があります。すると、データ型が「期間」同士の計算になり、正しく計算を実行できるようになります。今度は、時給1,200円で各日の「給与」を計算する処理を含めて、具体的な操作手順を示しておきましょう。

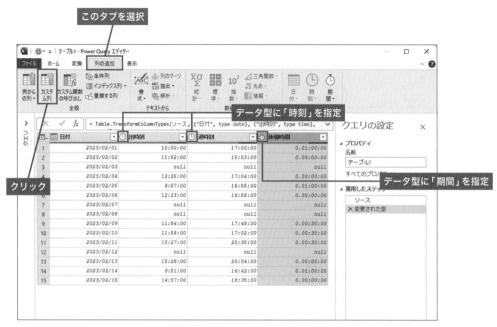

1 最初に、各列の**データ型**を指定します。「休憩時間」のデータ型には「**期間**」を
指定します。続いて、［**列の追加**］タブにある「**カスタム列**」をクリックします。

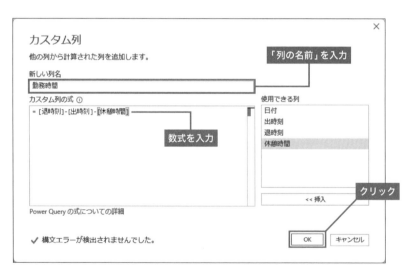

2 「**列の名前**」を入力します。続いて、=［退時刻］-［出時刻］-［休憩時間］
と数式を入力し、［**OK**］ボタンをクリックします。

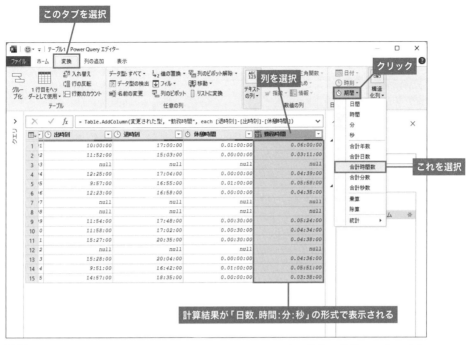

3 計算結果が**期間型のデータ**で表示されます。これを時間単位の数値データに変換します。「勤務時間」の列を選択し、[変換]タブにある「期間」→「合計時間数」を選択します。

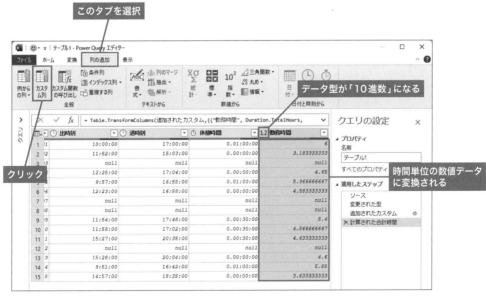

4 「勤務時間」が時間単位の数値データに変換されます。続いて、「給与」を計算していきます。[列の追加]タブにある「カスタム列」を選択します。

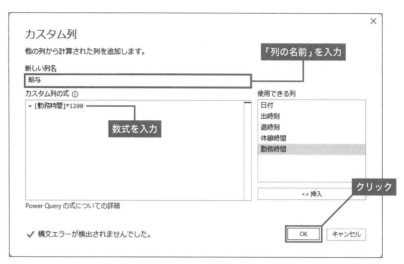

5 「列の名前」に「給与」と入力します。続いて、=[勤務時間]*1200と
数式を入力し、[OK]ボタンをクリックします。

6 「給与」の列が作成され、そこに計算結果が表示されます。これでPower Query
での作業は終了です。**データ表をExcelに出力します。**

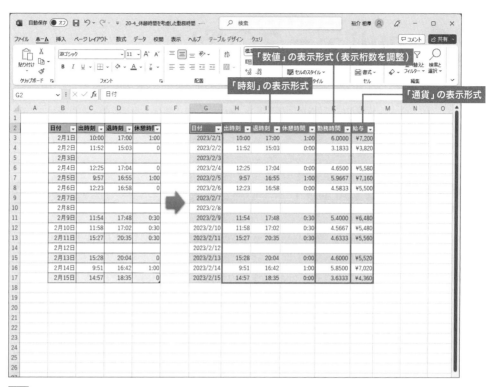

7 各列に**表示形式**を指定して、データ表の見た目を整えます。

　このようにPower Queryで日時の計算を行うときは、**計算結果のデータ型が「期間」になる**ということに注意しておく必要があります。通常のExcelとは異なる部分なので、少し戸惑う方も多いでしょう

　日時（シリアル値）の計算に詳しい方にとっては、普通にExcelで処理した方が簡単で確実かもしれません。「Excel」と「Power Query」のどちらで処理するかは、各自のスキルに応じて選択するようにしてください。

実際の給与計算について

　上記に示した給与計算は、日時を計算するときの操作手順の一例として捉えてください。実際に給与計算を行うときは、1日8時間を超える勤務（残業手当）や22時以降の勤務（深夜手当）の時給を25％以上割増するなど、法律に準拠した計算方法で処理を進める必要があります。

21 nullデータの扱い

データが存在しないセル（空白セル）には「null」という文字が表示されています。続いては、このnullの扱い方について解説していきます。「上にあるデータ」でnullを補完したいときは「フィル」という機能が役に立ちます。

X nullをそのまま放置する場合

「Power Query エディター」は、データが存在しないセル（空白セル）にnullという文字が表示される仕様になっています。セルが空白のままでも構わない場合は、このnullをそのまま放置しても特に問題はありません。データ表をExcelに出力した時点で、nullのセルは「空白セル」に置き換えられます。

	日付	出時刻	退時刻	休憩時間
1	2023/02/01	10:00:00	17:00:00	0.01:00:
2	2023/02/02	11:52:00	15:03:00	0.00:00:
3	2023/02/03	null	null	nl
4	2023/02/04	12:25:00	17:04:00	0.00:00:
5	2023/02/05	9:57:00	16:55:00	0.01:00:
6	2023/02/06	12:23:00	16:58:00	0.00:00:
7	2023/02/07	null	null	nl
8	2023/02/08	null	null	nl
9	2023/02/09	11:54:00	17:48:00	0.00:30:
10	2023/02/10	11:58:00	17:02:00	0.00:30:
11	2023/02/11	15:27:00	20:35:00	0.00:30:
12	2023/02/12	null	null	nl
13	2023/02/13	15:28:00	20:04:00	0.00:00:
14	2023/02/14	9:51:00	16:42:00	0.01:00:
15	2023/02/15	14:57:00	18:35:00	0.00:00:

`= Table.AddColumn(計算された合計時間, "給与", each [勤務時間]*1200)`

クエリの設定 ×

▲ プロパティ
名前
テーブル1
すべてのプロパティ

▲ 適用したステップ
ソース
変更された型
追加されたカスタム
計算された合計時間
追加されたカスタム1

データなしを示す「null」の文字

	A	B	C	D	E	F	G	H	I	J	K	L	M
1													
2		日付	出時刻	退時刻	休憩時		日付	出時刻	退時刻	休憩時間	勤務時間	給与	
3		2月1日	10:00	17:00	1:00		2023/2/1	10:00	17:00	1:00	6.0000	¥7,200	
4		2月2日	11:52	15:03	0		2023/2/2	11:52	15:03	0:00	3.1833	¥3,820	
5		2月3日					2023/2/3						
6		2月4日	12:25	17:04	0		2023/2/4	12:25	17:04	0:00	4.6500	¥5,580	
7		2月5日	9:57	16:55	1:00		2023/2/5	9:57	16:55	1:00	5.9667	¥7,160	
8		2月6日	12:23	16:58	0		2023/2/6	12:23	16:58	0:00	4.5833	¥5,500	
9		2月7日					2023/2/7						
10		2月8日					2023/2/8						
11		2月9日	11:54	17:48	0:30		2023/2/9	11:54	17:48	0:30	5.4000	¥6,480	
12		2月10日	11:58	17:02	0:30		2023/2/10	11:58	17:02	0:30	4.5667	¥5,480	
13		2月11日	15:27	20:35	0:30		2023/2/11	15:27	20:35	0:30	4.6333	¥5,560	
14		2月12日					2023/2/12						
15		2月13日	15:28	20:04	0		2023/2/13	15:28	20:04	0:00	4.6000	¥5,520	
16		2月14日	9:51	16:42	1:00		2023/2/14	9:51	16:42	1:00	5.8500	¥7,020	
17		2月15日	14:57	18:35	0		2023/2/15	14:57	18:35	0:00	3.6333	¥4,360	
18													

A1

Excelに出力すると、「空白セル」になる

X データがnullの行を削除する場合

データがnullの行を削除することも可能です。この操作手順は特に難しいものではありません。適切な列で ▼ をクリックし、フィルターを使って(null)をOFFにすると、データがnullの行を削除できます。

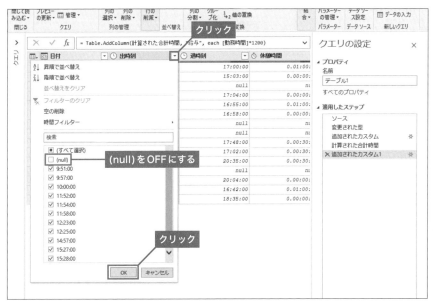

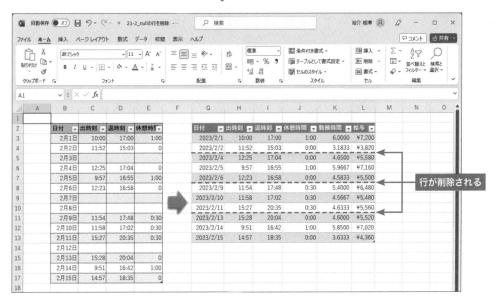

X nullを指定したデータに置き換える場合

　nullのセルを「特定のデータ」に置き換えたい場合もあるでしょう。この場合は［変換］タブにある「値の置換」を使用します。

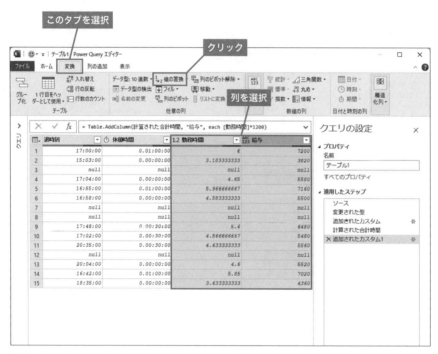

1 nullを置き換える列を選択し、［変換］タブにある「値の置換」をクリックします。

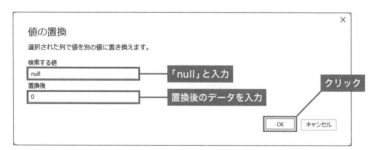

2 「検索する値」に「null」と入力します。続いて、「置換後」のデータを入力し、［OK］ボタンをクリックします。

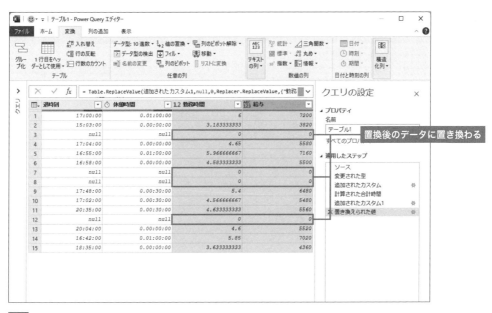

3 nullが「置換後」のデータに置き換えられます。

　ただし、各列のデータ型に沿わないデータを「置換後」に指定することはできません。たとえば、「出時刻」や「退時刻」の列で「null」→「-」の置換を実行しようとすると警告が表示され、[OK]ボタンをクリックできなくなります。

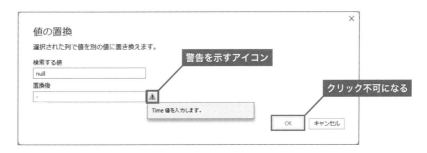

　これは「置換後」に指定した「-」が時刻型のデータになっていないことが原因です。時刻型の場合、数値の0（ゼロ）を指定することもできません。「時：分：秒」という形でデータを指定する必要があるため、あえて指定するなら「0:00:00」という形になります。とはいえ、出勤していない日の「出時刻」や「退時刻」が0:00:00というのも変な話なので、nullのまま放置しておくのが無難かもしれません。

取得元のデータ表で**セルの結合**が行われていた場合も注意が必要です。たとえば、これ
までに紹介してきたカレー弁当店のデータが以下のように入力されていたとしましょう。

このようなデータ表を「Power Query エディター」に読み込むと、セルが結合されてい
る部分は「左上のセル」だけにデータが表示され、それ以外のセルはnull（空白セル）に
なってしまいます。

このままでは以降のデータ処理に支障が生じます。よって、nullの部分に適切なデータを補完しておく必要があります。こういった場合に活用できるのが、［変換］タブにある「フィル」というコマンドです。「フィル」を使ってデータを補完するときは、以下のように操作します。

1 nullを補完する列を**選択**します。続いて、［変換］タブにある「フィル」をクリックし、「下へ」を選択します。

2 それぞれのnullの「上にあるデータ」が下方向へコピー（複製）されます。結果として、nullに適切なデータを自動入力できます。

207

このように「フィル」を使うと、nullのセルを一瞬で補完することが可能となります。セルが結合されている場合だけでなく、（見た目をスッキリさせるために）データの入力が省略されている場合にも活用できるので、ぜひ使い方を覚えておいてください。

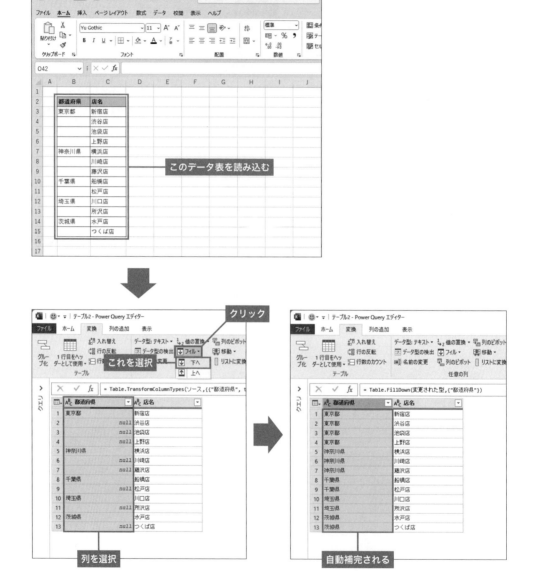

このデータ表を読み込む

クリック

これを選択

列を選択

自動補完される

なお、「フィル」→「上へ」を選択した場合は、それぞれのnullの「下にあるデータ」が上方向へコピー（複製）されます。あまり使う機会はありませんが、念のため、こちらも覚えておいてください。

第4章

集計表の作成と
データ連結

■ ■ ■

第4章では、Power Query で合計や平均を算出した集計表を
作成したり、複数の表（テーブル）を連結・結合したりする方
法について解説します。そのほか、覚えておくと便利な機能に
ついても紹介しておきます。

22 グループ化を使ったデータ集計

「Power Query エディター」の［変換］タブには「グループ化」というコマンドが用意されています。このコマンドを使うと、データを自動的にグループ化して「合計」や「平均」、「データの個数」などを求めた集計表を作成できます。

X 分類別にデータを合計した集計表

これまでは、主に「データ表を整形するとき」に活用できるコマンドについて解説してきました。しかし、最終的な目的が「データ表の整形」ではなく、合計や平均などを算出した「集計表の作成」になるケースも沢山あると思います。このような場合は、Power Query で**集計表の作成**まで済ませてしてしまうのも一つの手です。まずは、簡単な例から紹介していきましょう。

以下の図は、これまでに紹介してきたカレー弁当店の売上状況をまとめたExcelファイルです。各日の売上状況は、それぞれ別のワークシートにまとめられています。

▼7月の売上.xlsx

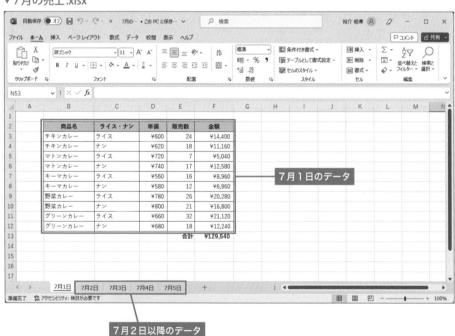

このように分割して記録されているデータをPower Queryで「1つの表」に結合し、その後、Excelで「合計」や「平均」などを求める、というのを一連の流れとして想定してきました。この場合、最終的に必要になるのは「データを結合した表」ではなく、「分類別の集計表」になるのが一般的です。

このような場合に「グループ化」を活用すると、「合計」や「平均」を求める処理までをPower Queryで自動化できるようになります。ここでは「商品名」で分類して、それぞれの「合計金額」を求める場合を例に、具体的な操作手順を解説していきます。

1 「Power Query エディター」にデータを読み込み、データ表の結合、整形を行います。続いて、[変換]タブにある「グループ化」をクリックします。

2 このような設定画面が表示されるので、「どの列を基準にデータを分類するか？」を指定します。今回は「商品名」で分類するので「商品名」の列を選択します。

3 続いて、グループ化により作成される集計列の「**列の名前**」を入力します。その後、**集計方法を選択**します。今回は「金額」の合計を求めるので「合計」を選択します。

4 最後に、**集計する列を選択**します。今回は「金額」を合計するので「金額」の列を選択します。

5 以上でグループ化の設定は完了です。［OK］ボタンをクリックします。

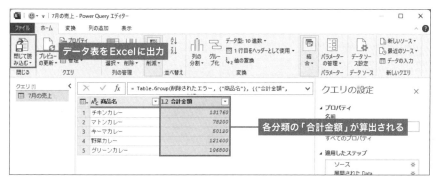

6 「商品名」を基準にデータが自動分類され、それぞれの「合計金額」が算出されます。この状態でデータ表をExcelに出力します。

7 データ表をExcelに出力できたら、各列に適切な表示形式を指定します。

8 「全体の合計金額」を求めたい場合は、上図に示したセルを選択し、「オートSUM」→「合計」を選択します。なお、この合計は関数SUBTOTALにより算出されます。

このように、分割して記録されているデータ表を結合するだけでなく、その分類・集計までをPower Queryで処理しても構いません。もちろん、取得元のデータが追加、変更された場合にも自動処理で対応することが可能です。

　たとえば、先ほどの例に7月6日、7月7日、7月8日、……のデータを追加した場合を考えてみましょう。この場合、**クエリの更新**を実行するだけで「最新の集計結果」を得ることができます。新しく追加したデータをコピー＆ペーストし、関数が参照するセル範囲を修正して……、などの作業は必要ありません。

X 複数の分類基準、集計方法を指定する場合

　複数の列を基準にデータを分類したり、複数の集計結果を算出したりすることも可能です。続いては、「商品名」と「ライス・ナン」でデータを分類し、1日あたりの「平均販売数」と「平均金額」を求める場合の操作手順を解説します。

1 「Power Query エディター」にデータを読み込み、データ表の結合、整形を行います。続いて、[変換] タブにある **「グループ化」** をクリックします。

214

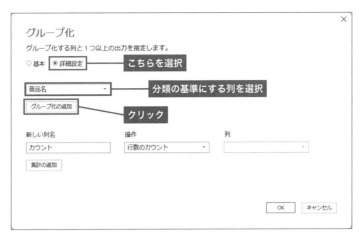

2 複数の分類基準、集計方法を指定するときは「詳細設定」を選択します。続いて、分類の基準にする列を選択し、[グループ化の追加]ボタンをクリックします。

3 分類の基準にする列を追加できるようになります。2番目の分類の基準にする列を選択します。

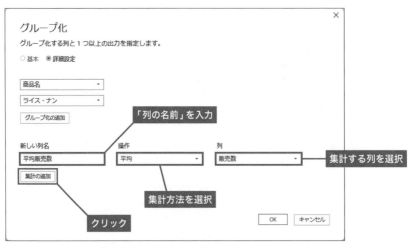

4 次は、集計方法を指定していきます。「販売数」の平均を求める
ときは、上図のように**各項目を指定**します。その後、**[集計の追加]ボタン**をクリックします。

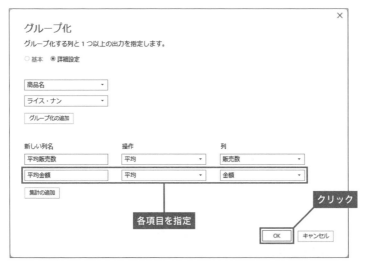

5 2番目の集計方法を指定できるようになります。今度は「金額」
の平均を求めるように**各項目を指定**します。すべて指定できた
ら**[OK]ボタン**をクリックします。

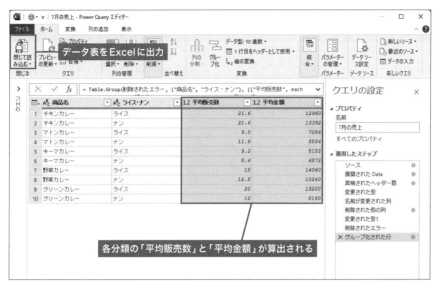

各分類の「平均販売数」と「平均金額」が算出される

6 「商品名」と「ライス・ナン」を基準にデータが自動分類され、それぞれの「平均販売数」と「平均金額」が算出されます。この状態で**データ表をExcelに出力**します。

7 データ表をExcelに出力できたら、各列に適切な**表示形式**を指定します。

　このような手順で集計表を作成しておくと、各商品が「1日あたりどれくらい売れているか？」を即座に調べられるようになります。もちろん、取得元データが追加・修正されたときも、**クエリの更新**を行うだけで「最新の集計表」に即座に更新できます。

　「グループ化」には「**行数のカウント**」という集計方法も用意されています。こちらは、指定した列に「同じデータが何個あるか？」をカウントするときに利用します。グループ別の人数を調べる場合などに活用できるので、ぜひ使い方を覚えておいてください。

　今度は、住所が「都道府県」と「それ以降」に分けて入力されている会員名簿を使って、「それぞれの都道府県に会員が何人いるか？」を調べる場合の操作手順を紹介しておきましょう。

1 「Power Query エディター」にデータを読み込み、データ表を整形します。続いて、[変換]タブにある「**グループ化**」をクリックします。

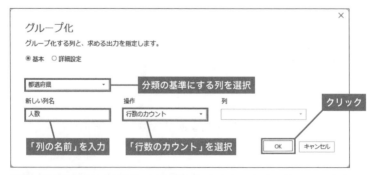

2 分類の基準にする列に「都道府県」を選択します。続いて、適当な「列の名前」を入力し、集計方法に「行数のカウント」を選択します。その後、[OK]ボタンをクリックします。

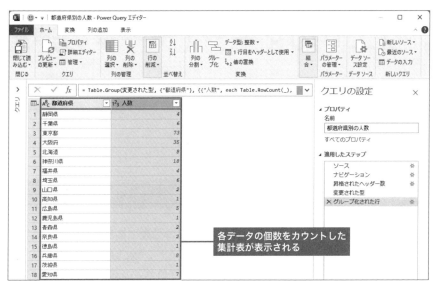

各データの個数をカウントした
集計表が表示される

3 「都道府県」の列に「同じデータが何個あるか？」が自動的にカウントされ、その
集計結果が表示されます。

このタブを選択

クリック

列を選択

降順に並べ替えられる

4 このデータ表を数値の大きい順に並べ替えるときは、[ホーム] タブにある
「降順で並べ替え」を利用します。

あとは、このデータ表をExcelに出力するだけです。これで「各都道府県に何人の会員
がいるか？」を簡単に調べることができます。

23 クエリのマージ（データの連結）

必要なデータが複数のデータ表に分割して記録されている場合もあります。このような場合に「クエリのマージ」を使うと、別のデータ表から必要なデータだけをピックアップできるようになります。

X クエリのマージとは？

Excelでデータを処理するときは、必要なデータを1つの表にまとめておくのが基本です。しかし、状況によっては、「必要なデータが複数のファイルに分割されている……」というケースもあるでしょう。このような場合に「**クエリのマージ**」を使うと、手軽にデータを連結できるようになります。

具体的な例を用いて説明していきましょう。以下の図は、あるショッピングサイトで「割引クーポンの配布キャンペーン」を実施したときの記録です。このキャンペーンは全ユーザーを対象にしたものではなく、特定の日（2023年8月27日）に「エントリーする」ボタンを押したユーザーだけを対象にしています。Webサーバーから入手したデータには、「どのユーザーが何時にボタンを押したか？」といった情報が記録されています。

▼エントリー1回目.xlsx

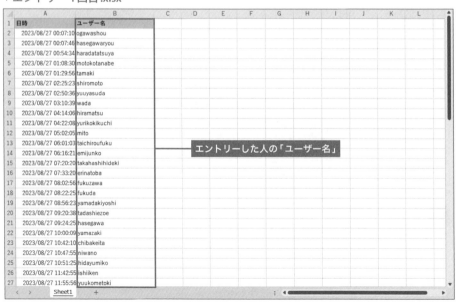

これらのユーザーに「割引クーポン」（割引コード）をメールで配布するには、各ユーザーの「メールアドレス」をデータ表に追加しなければいけません。さらに、メールの文面に氏名を記す場合は「氏名」のデータも必要になります。これらの情報は「ユーザー情報」のExcelファイルから取得できます。

▼ユーザー情報.xlsx

	A	B	C	D	E	F	G
1	ユーザー名	氏名	氏名かな	メールアドレス	携帯電話	郵便番号	住所
2	shibuya	渋谷 重之	しぶや しげゆき	shibuyashigeyuki@xxxxxx.net	050-2387-0000	242-1637	神奈川県座間市栗原中央1-0-12
3	muramatsu	村松 広昭	むらまつ ひろあき	muramatsu711@xxxxxx.com	090-6526-0000	584-7066	大阪府大阪市生野区新今里3-0-22シティデ
4	yamaguchim	山口 みゆき	やまぐち みゆき	yamaguchimiyuki@xxxxxx.ne.jp	080-6804-0000	132-6618	東京都世田谷区船橋3-0-22
5	watanabe	渡辺 陽介	わたなべ ようすけ	watanabe318@xxxxxx.co.jp	050-4943-0000	144-6733	東京都葛飾区新小岩1-0-9サンライフ207
6	tashiro	田代 奈津子	たしろ なつこ	natsuko_tashiro@xxxxxx.co.jp	090-9468-0000	098-1215	北海道帯広市大通南2-0-4
7	akahoshi	赤星 正	あかほし ただし	tadashiakahoshi@xxxxxx.com	050-8464-0000	254-8599	神奈川県海老名市杉久保南3-0-21
8	issei	草野 一星	くさの いっせい	isseikusano@xxxxxx.ne.jp	090-1556-0000	151-9558	東京都世田谷区代田2-0-7メゾンドール514
9	nakahara	中原 千尋	なかはら ちひろ	nakahara_1110@xxxxxx.ne.jp	080-6862-0000	464-6425	愛知県名古屋市中村区名駅1-0-21
10	kuramochi	倉持 萌	くらもち もえ	moekuramochi@xxxxxx.org	050-5560-0000	002-9237	北海道釧路郡釧路町光和2-0-8
11	kinoshita	木下 葉子	きのした ようこ	kinoshita624@xxxxxx.org	070-8589-0000	247-8860	神奈川県川崎市川崎区渡田4-0-10
12	asoyasuhiro	麻生 康裕	あそう やすひろ	asoyasuhiro@xxxxxx.com	080-2152-0000	868-1918	熊本県熊本市東区東町1-0-18
13	kawanishi	川西 利昌	かわにし としまさ	kawanishi_122@xxxxxx.net	070-9588-0000	920-1398	石川県白山市鶴来本町3-0-4
14	hitoshisaito	齋藤 仁	さいとう ひとし	hitoshi_saito@xxxxxx.net	080-2647-0000	101-7051	東京都文京区本駒込1-0-22
15	araki	荒木 沙織	あらき さおり	araki1029@xxxxxx.com	070-5895-0000	056-1371	北海道札幌市西区琴似一条3-0-4
16	osamuokabe	岡部 修	おかべ おさむ	osamuokabe@xxxxxx.com	070-8270-0000	343-7695	埼玉県川口市本町4-0-8
17	katsuhiko	仲村 克彦	なかむら かつひこ	nakamura_katsuhiko@xxxxxx.ne.jp	090-4698-0000	597-6871	大阪府箕面市萱野2-0-19
18	kodama	児玉 美香	こだま みか	kodama_930@xxxxxx.org	070-2995-0000	135-4340	東京都港区新橋1-0-101
19	motokotanabe	田辺 素子	たなべ もとこ	motokotanabe@xxxxxx.com	090-1107-0000	541-9601	大阪府枚方市香里ケ丘2-0-8
20	satokouemura	植村 さと子	うえむら さとこ	satokouemura@xxxxxx.co.jp	050-7676-0000	171-6431	東京都大田区田園調布2-0-706パインクレ
21	miyaraetsuko	宮良 悦子	みやら えつこ	miyara_etsuko@xxxxxx.com	070-8854-0000	968-9048	福島県双葉郡富岡町字夜の森南1-0-7
22	ishiishintarou	石井 新太郎	いしい しんたろう	ishii_shintarou@xxxxxx.org	090-0192-0000	142-8297	東京都練馬区西大泉2-0-108
23	fukuda	福田 晋	ふくだ すすむ	fukuda930@xxxxxx.jp	080-8400-0000	163-0773	東京都北区赤羽西3-0-19
24	miyahara	宮原 竜彦	みやはら たつひこ	miyahara_129@xxxxxx.com	080-9842-0000	487-6158	愛知県稲沢市平和町北町1-0-17
25	yanagida	柳田 賢	やなぎだ けん	yanagida522@xxxxxx.ne.jp	090-4189-0000	583-3559	大阪府摂津市鳥飼本町2-0-8
26	takabayashi	高林 美保子	たかばやし みほこ	mihoko_takabayashi@xxxxxx.org	050-9568-0000	157-8396	東京都渋谷区千駄ヶ谷1-0-13

ユーザー名　氏名　　　　　　　　　　　メールアドレス

もちろん、全ユーザーがキャンペーンにエントリーしている訳ではありません。また、それぞれのExcelファイルで「ユーザー名の並び順」は異なります。このため、それぞれの「ユーザー名」に対応する「氏名」と「メールアドレス」を手作業でピックアップしようとすると、大変な作業を強いられます。このような場合に「クエリのマージ」が活用できます。

なお、こういった作業を通常のExcelで行うときは、VLOOKUPやXLOOKUPといった関数を使用するのが一般的です。これらの関数の使い方を知らない場合は、まず関数の使い方を勉強するところから始めなければいけません。仮に、関数の使い方を知っていたとしても、Power Queryで処理した方が直感的に操作を進められますし、他の処理を含めた統合的な前準備を行うことが可能です。よって、Power Queryで処理する方法も覚えておくことをお勧めします。

X 接続専用でデータ表を読み込む

　それでは、具体的な操作手順を紹介していきましょう。複数のデータ表（Excelファイル）を連携させるときは、それぞれのデータ表を**クエリ**として読み込んでおく必要があります。このときに活用できるのが**接続専用**という読み込み方法です。

　まずは、「ユーザー情報」のデータ表を接続専用としてPower Queryに読み込むときの操作手順を解説します。

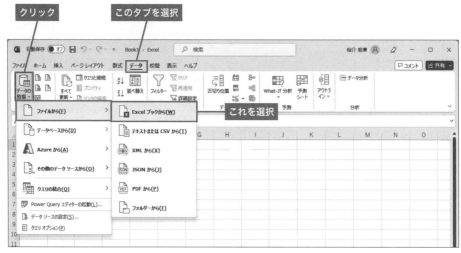

1 Excelを起動し、「空白のブック」を作成します。続いて、[データ]タブにある「データの取得」→「ファイルから」→「Excelブックから」を選択します。

2 「ユーザー情報」のExcelファイルを選択し、[インポート]ボタンをクリックします。

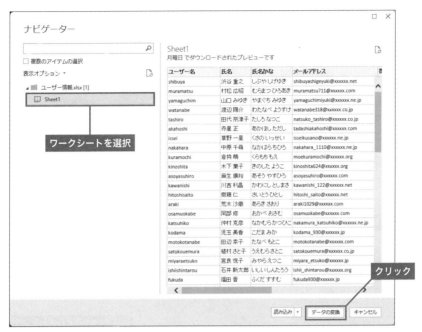

3 データ表が記録されている**ワークシートを選択**し、［**データの変換**］ボタンをクリックします。

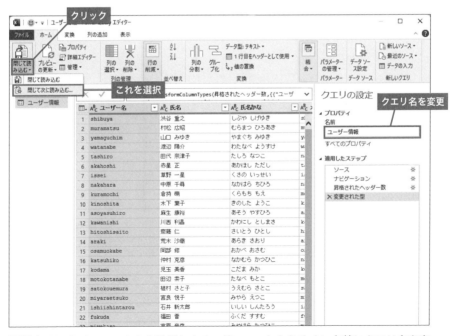

4 必要に応じてデータ表を整形します。続いて、わかりやすい名前に**クエリ名**を変更し、「**閉じて読み込む**」→「**閉じて次に読み込む**」を選択します。

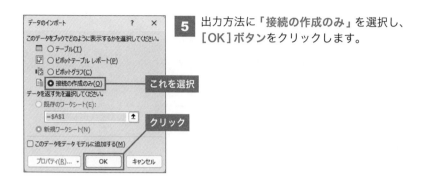

5 出力方法に「**接続の作成のみ**」を選択し、
［OK］ボタンをクリックします。

これを選択

クリック

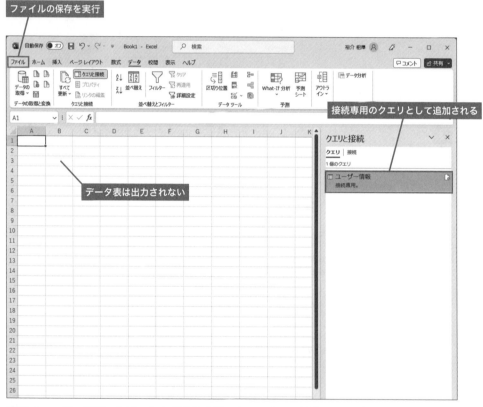

ファイルの保存を実行

接続専用のクエリとして追加される

データ表は出力されない

6 「ユーザー情報」のデータ表が**接続専用のクエリ**として追加されます。ここまでの作業
が済んだら、現在の状況をExcelファイルに**保存**しておきます。

　この場合、データ表はExcelに出力されません。ワークシートには表示されていないが、
Power Queryでは利用可能なデータ表（クエリ）として、Excelファイルに保存されます。

　続いては、「クエリのマージ」を使って、必要なデータをピックアップするときの操作手順を解説します。

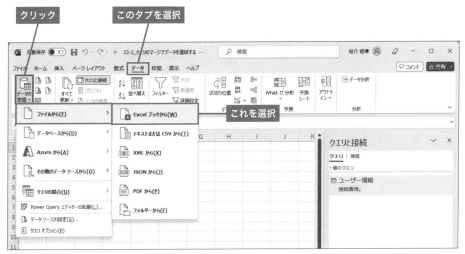

1　「ユーザー情報」のクエリを追加できたら、次は「エントリー1回目」のデータ表を新しいクエリとして読み込みます。［データ］タブにある「データの取得」→「ファイルから」→「Excelブックから」を選択します。

2　「エントリー1回目」のExcelファイルを選択し、「Power Query エディター」にデータ表を読み込みます。この手順は、これまでに紹介してきた手順と同じです。

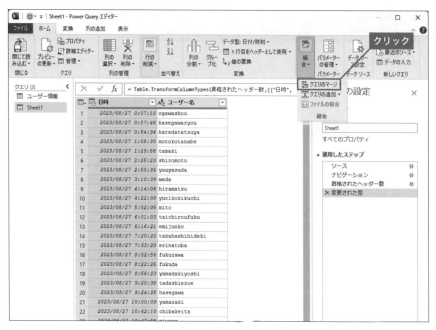

3 必要に応じてデータ表を整形します。続いて、［ホーム］タブにある「クエリの
マージ」をクリックします。

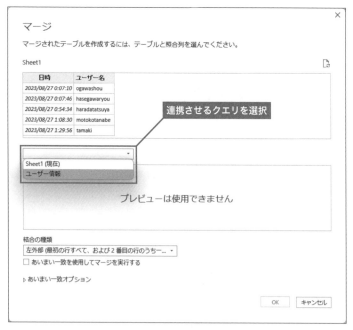

4 連携させるクエリ（データ表）を選択します。今回の例では
「ユーザー情報」のクエリを選択します。

5 それぞれのデータ表で「どの列を基準にデータを連結するか?」を指定します。今回の例の場合、それぞれのデータ表にある「ユーザー名」を**照合列**として選択します。

6 続いて、「結合の種類」を指定します。今回の例では「**左外部**」を指定します。すべて指定できたら ［OK］ボタンをクリックします。

データがTableとして追加される

7 「エントリー1回目」のデータ表に「ユーザー情報」のデータが**Table**として追加
されます。

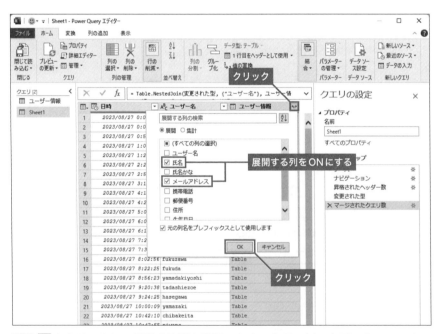

クリック

展開する列をONにする

クリック

8 ![icon] をクリックし、**展開する列を選択**します。今回の例で必要になるデータは
「氏名」と「メールアドレス」の2つです。これらの列を**ON**にして [**OK**] ボタン
をクリックします。

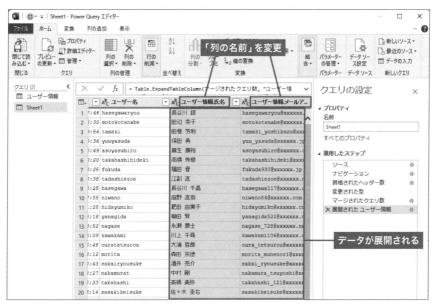

9 「ユーザー情報」のデータが展開され、「氏名」と「メールアドレス」の列が追加されます。これらの**「列の名前」**を適当な名前に変更します。

10 最後に、**クエリ名**を適当な名前に変更します。これで「Power Query エディター」での作業は終了です。**「閉じて読み込む」**をクリックしてExcelにデータ表を出力します。

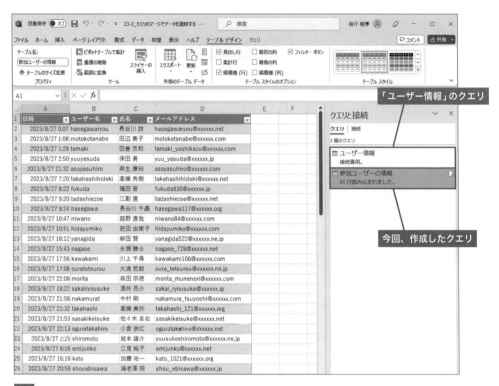

11 データ表がExcelに出力され、今回の作業内容が新しいクエリとして追加されます。

　これで「氏名」と「メールアドレス」を追加したデータ表を作成できました。この時点で
Excelファイルに保存（上書き保存）しておくとよいでしょう。
　あとは、このデータ表をもとに「割引クーポン」のメールを送信するだけです。この作
業には、メールの配信ツールなどを利用します。

連結されるデータ

　上に示した例では、照合列に「ユーザー名」を指定しました。この場合、「ユーザー名
が一致しているか？」を基準にデータの連結が行われます。一致する「ユーザー名」が見
つかった場合は、そのデータと同じ行にあるデータが自動取得されます。一致する「ユー
ザー名」が見つからなかった場合は、そのデータはnull（空白）として取得されます。
　なお、それぞれの照合列の「列の名前」は異なっていても構いません。たとえば、「ユー
ザー名」と「ユーザーID」のように「列の名前」が異なっていても、そのデータが一致し
ていれば正しくデータを取得できます。

X 共通するデータだけを連結する場合

「クエリのマージ」を使って、**2つの表に共通するデータ**だけを抽出することも可能です。こちらも具体的な例を用いて解説していきましょう。

たとえば、先ほど紹介したショッピングサイトが2023年9月3日に2回目の「割引クーポンの配布キャンペーン」を実施したとします。こちらも「エントリーする」ボタンを押したユーザーだけがキャンペーンの対象になります。さらに「1回目」と「2回目」の両方にエントリーしてくれたユーザーに「スペシャルクーポン」を配布するとします。

▼エントリー1回目.xlsx

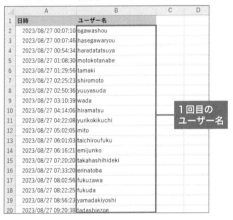

▼エントリー2回目.xlsx

この場合、「1回目」と「2回目」の両方にエントリーしたユーザーだけをピックアップしておく必要があります。この作業を「クエリのマージ」で処理してみましょう。

1 Excelを起動し、「空白のブック」を作成します。続いて、「エントリー1回目」のデータ表を**接続専用のクエリ**として読み込みます（操作手順はP222〜224を参照）。

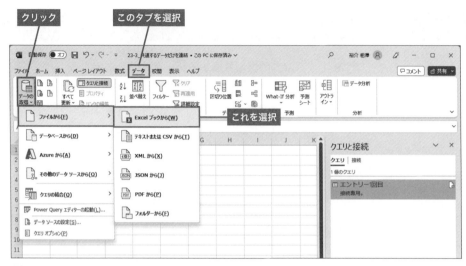

2 続いて、「エントリー2回目」のデータ表を新しいクエリとして読み込みます。[データ]
タブにある「データの取得」→「ファイルから」→「Excel ブックから」を選択します。

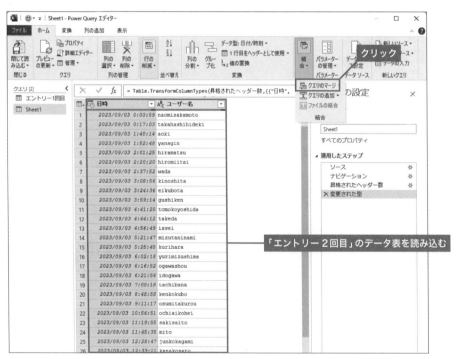

3 「エントリー2回目」のExcel ファイルを選択し、「Power Query エディター」
にデータ表を読み込みます。この手順は、これまでに紹介してきた手順と同じで
す。その後、必要に応じてデータ表を整形し、[ホーム]タブにある「クエリのマー
ジ」をクリックします。

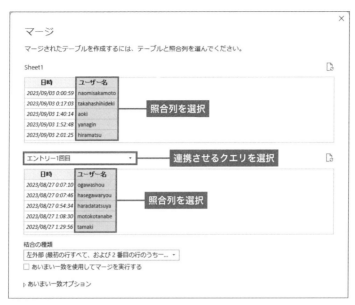

4 連携させるクエリ（データ表）を選択し、照合列に「ユーザー名」
を指定します。

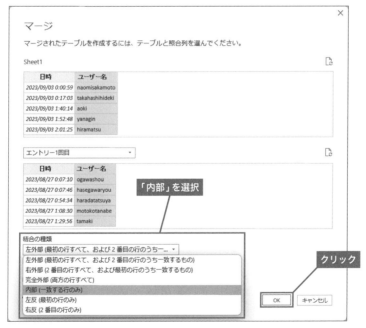

5 2つの表に共通するデータだけを抽出するときは、「結合の種類」
に「内部」を選択します。その後、[OK]ボタンをクリックしま
す。

6 「エントリー1回目」のデータが**Table**として追加されます。![icon]をクリックして
展開する列に「日時」を指定し、[OK]ボタンをクリックします。

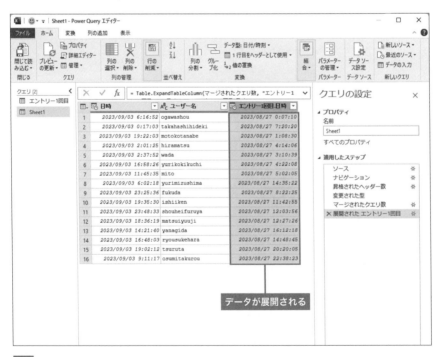

7 「エントリー1回目」の「日時」のデータが展開されます。

8 それぞれの「**列の名前**」を変更し、列の並び順を調整します。その後、わかりやすい名前に**クエリ名**を変更し、**データ表をExcelに出力**します。

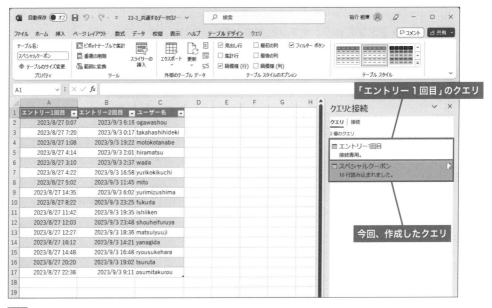

9 データ表がExcelに出力され、今回の処理内容が**新しいクエリ**として追加されます。

これで「1回目」と「2回目」の両方にエントリーしたユーザーだけをピックアップできました。あとは、これらの「ユーザー名」に対応する「氏名」と「メールアドレス」を追加するだけです。

X 「新しいソース」を使ったクエリの追加

　「クエリのマージ」を行う際に、あらかじめクエリを追加しておくのを忘れてしまうケースもあるかもしれません。このような場合は、以下のように操作してクエリを後から追加することも可能です。ここでは、先ほど作成したデータ表に「氏名」と「メールアドレス」を追加する場合を例に、具体的な操作手順を紹介しておきます。

1 ［データ］タブにある「クエリと接続」をONにして「クエリの一覧」を表示します。続いて、編集するクエリをダブルクリックします。

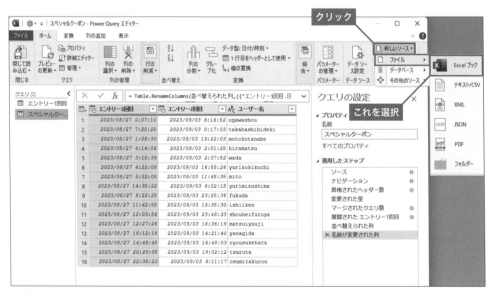

2 「Power Query エディター」が起動します。新しいデータ表をクエリとして読み込むときは、「新しいソース」→「ファイル」→「Excel ブック」を選択します。

3 クエリとして読み込む**Excel**ファイルを選択し、
[**インポート**]ボタンをクリックします。

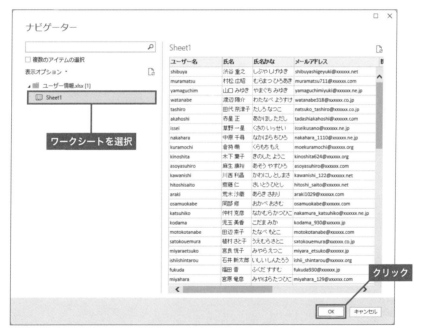

4 データ表が記録されている**ワークシート**を選択し、[**OK**]ボタンをクリックします。

5 新しいクエリが追加され、そこにデータ表が読み込まれます。必要に応じてデータ表を整形し、わかりやすい名前に**クエリ名**を変更しておきます。

6 連結元のクエリを選択し、［ホーム］タブにある「**クエリのマージ**」をクリックします。

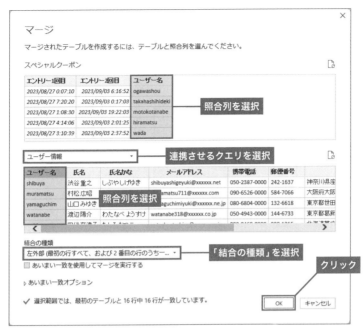

照合列を選択

連携させるクエリを選択

照合列を選択

「結合の種類」を選択

クリック

7 連携させる**クエリ**(データ表)を選択し、照合列に「**ユーザー名**」を指定します。続いて、「**結合の種類**」に「**左外部**」を選択し、[**OK**]ボタンをクリックします。

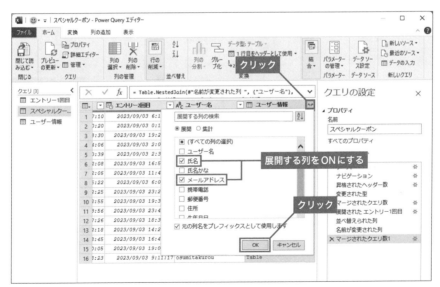

クリック

展開する列をONにする

クリック

8 「**ユーザー情報**」のデータが**Table**として追加されます。⬚をクリックして、展開する列に「**氏名**」と「**メールアドレス**」を指定し、[**OK**]ボタンをクリックします。

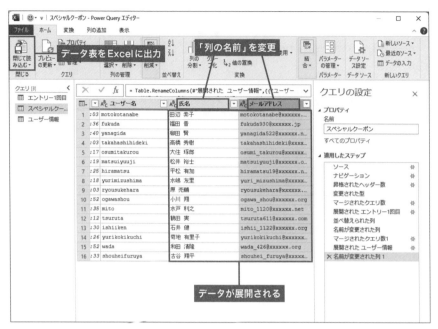

9 「ユーザー情報」の「氏名」と「メールアドレス」のデータが展開されます。それぞれの「列の名前」を変更し、データ表をExcelに出力します。

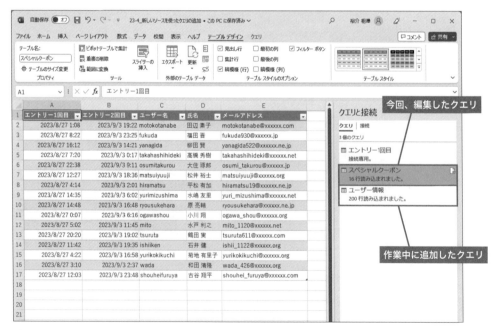

10 データ表がExcelに出力されます。また、作業中に「Power Query エディター」から読み込んだ**クエリ**がExcelに追加されていることも確認できます。

このようにPower Queryを使うと、複数のファイル（データ表）を連携させながら「目的のデータ表」に加工していくことが可能となります。もちろん、関数やVBAでも同様の作業を実現できますが、そのためには関数やVBAに関する“それなりの知識”を求められます。処理工程が複雑になるほど、「どのように処理していくか？」を考えること自体が大変になってしまうでしょう。

　一方、Power Queryの場合は、現時点の状況を確認しながらステップ形式で作業を進めていくことが可能です。関数やVBAの知識がなくても構いません。こういった利点を考慮すると、「Power Queryで作業する」という選択肢もあるほうが臨機応変に対処していけると思われます。各自でも色々と研究してみてください。

X Excelから「クエリのマージ」を実行する

　連携させる2つのデータ表がすでに**クエリ**として追加されている場合は、Excelから「**クエリのマージ**」を実行することも可能です。この場合は、いずれかのクエリを**右クリック**し、「**結合**」を選択します。

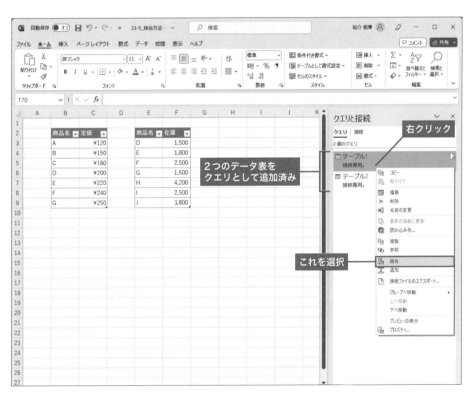

すると、以下のような設定画面が表示されます。この手順で「クエリのマージ」を実行するときは、連携させる2つのデータ表（クエリ）をそれぞれ選択できるようになります。

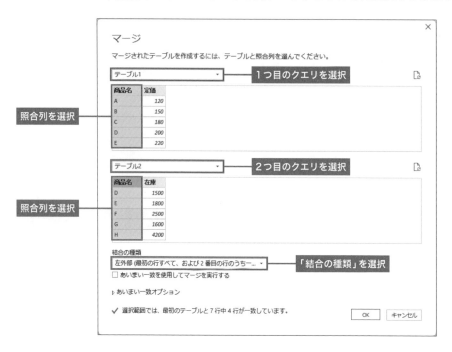

また、「クエリのマージ」により作成されるデータ表は、新しいクエリとして追加される仕組みになっています。

「連携させる2つのデータ表」と「連結したデータ表」をそれぞれ別のクエリにして、合計3つのクエリとして作業を進めていきたい場合に活用してください。

　最後に、「クエリのマージ」を行う際に指定できる**6種類の結合方法**について補足説明しておきます。それぞれの違いを理解しておくことで、さまざまなパターンのデータ連結を行えるようになります。

　ここでは、以下の図に示した2つのデータ表を使って、それぞれの結合方法を紹介していきます。それぞれのデータ表は「テーブル1」、「テーブル2」というクエリ名でExcelに保存されています。照合列には「商品名」を指定します。また、結合方法の違いを理解するために、以下のポイントを把握しておく必要があります。

- ・「商品名」がA〜Cのデータは「テーブル1」だけに存在する
- ・「商品名」がD〜Gのデータは**両方に共通して存在**する
- ・「商品名」がH〜Jのデータは「テーブル2」だけに存在する

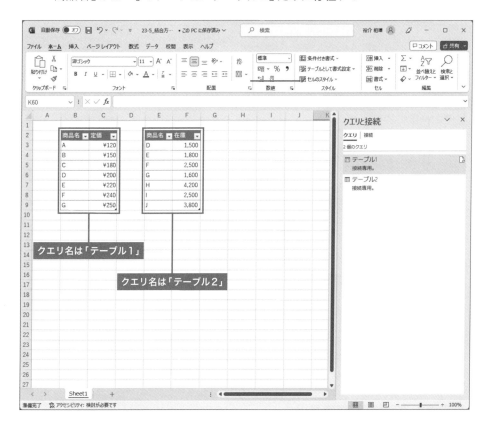

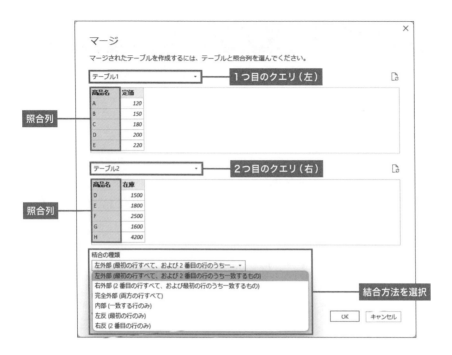

それぞれの結合方法は、**1つ目のクエリ**を「**左**」、**2つ目のクエリ**を「**右**」として考えると理解しやすくなります。なお、該当するデータがないセルは空白セル（null）として処理されます。

■ 左外部

「1つ目のクエリ」に存在するデータを基準にデータ表が作成されます。今回の例の場合、「商品名」がA～Gのデータが連結されます。

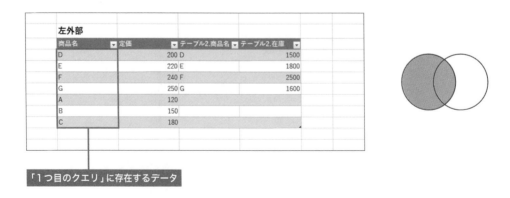

「1つ目のクエリ」に存在するデータ

■右外部

「2つ目のクエリ」に存在するデータを基準にデータ表が作成されます。今回の例の場合、「商品名」がD〜Jのデータが連結されます。

「2つ目のクエリ」に存在するデータ

■完全外部

「1つ目のクエリ」と「2つ目のクエリ」のいずれかに存在するデータを基準にデータ表が作成されます。今回の例の場合、「商品名」がA〜Jのデータが連結されます。

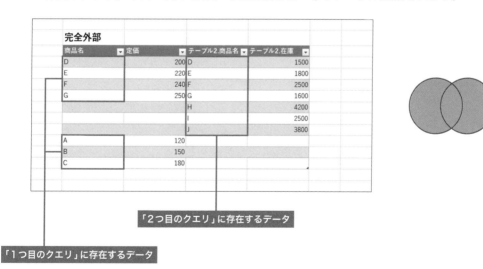

「2つ目のクエリ」に存在するデータ

「1つ目のクエリ」に存在するデータ

■内部

「1つ目のクエリ」と「2つ目のクエリ」の**両方に存在する**データを基準にデータ表が
作成されます。今回の例の場合、「商品名」がD〜Gのデータが連結されます。

■左反

「1つ目のクエリ」だけに存在するデータを基準にデータ表が作成されます。今回の例
の場合、「商品名」がA〜Cのデータが連結されます。

■右反

「2つ目のクエリ」だけに存在するデータを基準にデータ表が作成されます。今回の例
の場合、「商品名」がH〜Jのデータが連結されます。

24 クエリの追加と重複データの削除

「クエリの追加」を使うと、似たような形式のデータ表を結合して「1つの表」にまとめることができます。また、これに関連する内容として、重複データを削除するときの注意点についても紹介しておきます。

X クエリの追加（データ表の追加）

前節で紹介した「クエリのマージ」は、照合列を基準に2つの表を連結する機能となります。そうではなく、もっと単純に2つの表を結合したいケースもあるでしょう。このような場合は「クエリの追加」を使用します。

具体的な例で紹介していきましょう。以下の図は、あるイベント会社の企画1課が作成した「運送会社リスト」です。このデータ表は、イベント開催に必要な設備や備品を会場まで運んでくれる運送会社の連絡先をまとめた表となります。

▼運送会社リスト.xlsx

	A	B	C	D	E	F	G	H
1								
2		会社名	TEL	住所	担当者	メールアドレス	特記事項	
3		ラクダ急便	03-1111-1111	東京都品川区戸越0-2-3	釘崎 房雄	kugisaki@xxxxx.co.jp		
4		山猫配送	03-2222-2222	東京都港区芝浦0-1-6 ☆☆プレイス1F	安座間 成弥	azama@xxxxx.co.jp	深夜の出荷にも対応	
5		麒麟陸送	03-3333-3333	東京都板橋区高島平0-4-3	雲田 篤義	kumota@xxxxx.co.jp	20tトラック、大型専門	
6		カワウソ運輸	03-4444-4444	東京都北区滝野川0-0-28	神坂 宣人	kousaka@xxxxx.xo.jp		
7								
8								
9								
10								
11								

一方、イベント会社の企画2課でも、同様の資料を独自に作成していました。こちらは「配送手配」というファイル名でデータがExcelにまとめられていました。

▼配送手配.xlsx

	A	B	C	D	E	F	G	H
1								
2		会社名	住所		電話	担当者	メールアドレス	特長
3		イヌワシ運送	東京都千代田区岩本町0-5-6		03-5555-5555	松田 丈典	matsuda@xxxxx.xo.jp	小型宅配のみ
4		ラクダ急便	東京都品川区戸越0-2-3		03-1111-1111	釘崎 房雄	kugisaki@xxxxx.co.jp	
5		クジラ運輸	東京都港区芝0-8-2		03-6666-6666	塩倉 大基	shiokura@xxxxx.co.jp	大型トラックの貸し切り可能
6		山猫配送	東京都港区芝浦0-1-6 ☆☆プレイス1F		03-2222-2222	佐野 好美	sato@xxxxx.co.jp	小型・中型
7		鳩野企画	東京都新宿区白銀町0-2-6 △△ビル1F		03-7777-7777	鳩野 晃好	akiyoshi@xxxxx.co.jp	小型配送。屋台の設営も可能
8								
9								
10								
11								

これらの資料は、どちらも「荷物を会場まで運んでくれる運送会社」の連絡先をまとめたものと考えられます。各課で個別に管理するのではなく、共有する資料として「1つの表」に結合したほうが効率的です。この作業を Power Query で処理してみましょう。

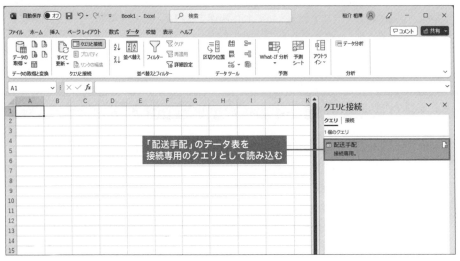

「配送手配」のデータ表を
接続専用のクエリとして読み込む

1 Excel を起動し、「空白のブック」を作成します。はじめに一方のデータ表を**接続専用のクエリ**として読み込んでおきます（操作手順は P222～224 を参照）。

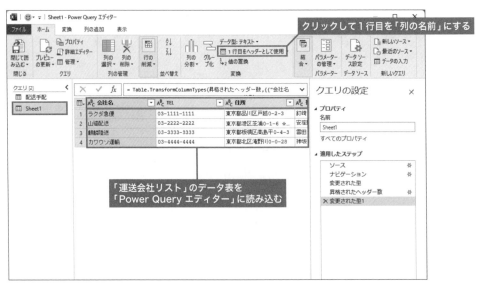

クリックして1行目を「列の名前」にする

「運送会社リスト」のデータ表を
「Power Query エディター」に読み込む

2 続いて、もう一方のデータ表を新しいクエリとして読み込みます。［データ］タブにある「データの取得」→「ファイルから」→「Excel ブックから」を選択し、データ表を Power Query に読み込みます。

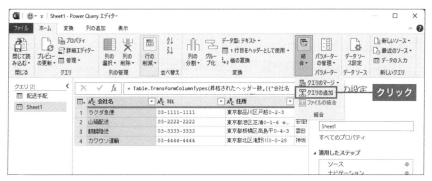

3 これで準備は完了です。2つのクエリ（データ表）を結合するときは、［ホーム］タブにある「クエリの追加」をクリックします。

4 このような画面が表示されるので、データを追加する**クエリ**（データ表）を選択し、［OK］ボタンをクリックします。

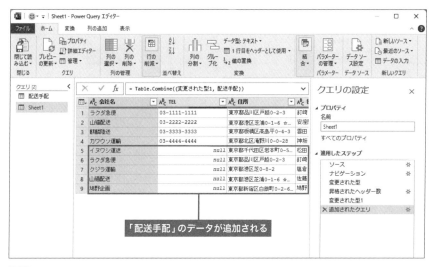

5 「クエリの追加」が実行され、データ表に「配送手配」のデータが追加されます。

「クエリの追加」は、それぞれの「列の名前」を基準にデータを追加する機能となります。「列の名前」が異なる場合、その列は新しい列として追加されます。先ほど示した例の場合、「TEL」と「電話」は「列の名前」が異なるため、別の列として扱われています。

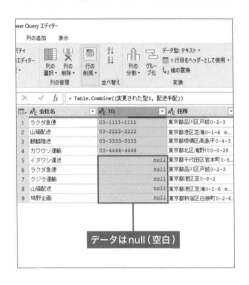

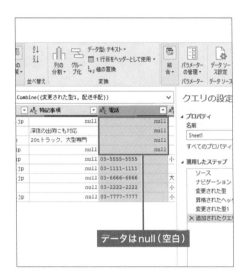

とはいえ、これらの列はどちらも「電話番号」のデータを示しているので、2列に分割しておく意味はありません。そこで、以下のように操作して1列に統合しておきます。

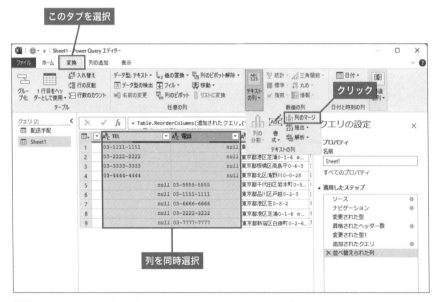

1 「TEL」の隣に「電話」の列を移動します。続いて、「TEL」と「電話」の列を同時に選択し、[変換]タブにある「列のマージ」をクリックします。

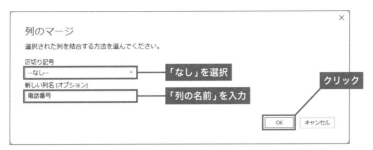

2 区切り記号に「なし」を選択し、新しい列名を入力します。その後、[OK]ボタンをクリックします。

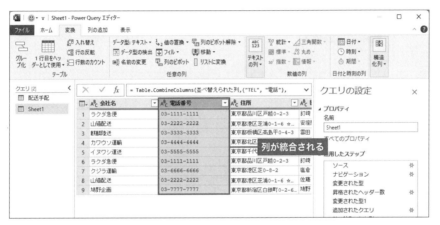

3 2つの列が「電話番号」という列に統合されます。このように一方がnullの場合は、「列のマージ」によりデータを統合することが可能です。

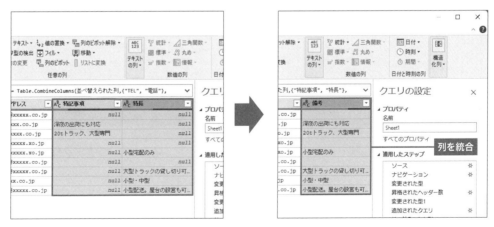

4 同様に、「特記事項」と「特長」の列も同じような意味を持つデータと考えられます。これらも「列のマージ」により「備考」という名前の列に統合します。

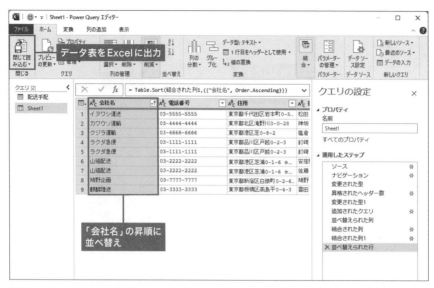

「会社名」の昇順に
並べ替え

5 これで無駄に分割されていた列を統合できました。あとは**データ表をExcelに**
出力するだけです。なお、今回は「**会社名**」の昇順にデータを並べ替えてから、
データ表をExcelに出力しました。

あらかじめ「列の名前」を統一しておく

　それぞれのデータ表をクエリとして読み込んだ後、「列の名前」を変更して、2つのデー
タ表の「列の名前」を統一しておく方法もあります。この場合、「列の名前」が同じにな
るため、無駄に列が分割される心配はありません。各自の好きな方法で作業を進めるよ
うにしてください。

X 重複データの削除

　先ほど示した手順でExcelに出力したデータ表をよく見ると、「ラクダ急便」と「山猫配
送」のデータが重複しているのを確認できます。

　「ラクダ急便」は、まったく同じデータが2行にわたって入力されています。一方、「山
猫配送」は「電話番号」と「住所」のデータが同じで、それ以外の列には異なるデータが入
力されています。

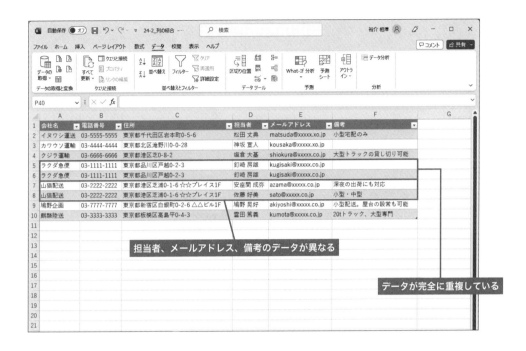

担当者、メールアドレス、備考のデータが異なる

データが完全に重複している

続いては、このような**重複データ**を処理するときの注意点を紹介していきます。出力されたテーブル内にある**セルを選択**し、[**クエリ**]**タブ**にある「編集」をクリックします。

このタブを選択

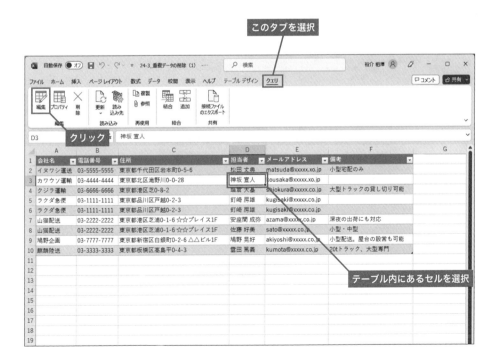

クリック

テーブル内にあるセルを選択

「Power Query エディター」が表示され、処理内容を編集できるようになります。重複しているデータを削除するときは、「列の名前」を右クリックし、「重複の削除」を選択します。

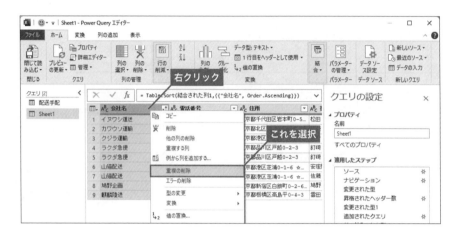

　これで重複データを削除できますが、少しだけ注意が必要です。上記のように操作した場合、「会社名」のデータが重複している行が削除されます。データ表をExcelに出力して詳しく見ていきましょう。

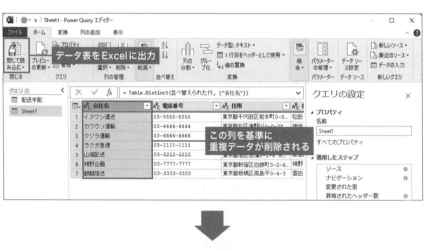

「ラクダ急便」はすべてのデータが完全に一致していたため、重複データを削除しても特に問題は生じません。

一方、「山猫配送」は、「担当者」、「メールアドレス」、「備考」に異なるデータが入力されていました。この場合、重複しているデータのうち下にある行が削除されます。その結果、「佐藤 好美」、「sato@xxxxx.co.jp」、「小型・中型」といったデータが失われることになります。

連絡先の窓口として「佐藤 好美」さんの情報も残しておきたい場合、これは望ましい結果とはいえません。このような場合は、**すべての列を対象に重複データを削除**すると、完全に一致している行だけを削除できます。

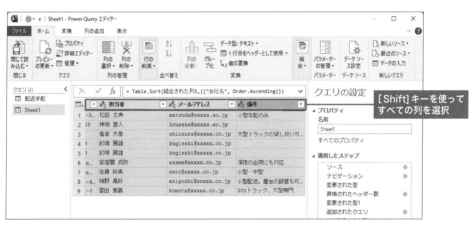

1 「会社名」の列を選択します。続いて、**[Shift]キー**を押しながら「備考」の列をクリックし、**すべての列を同時に選択**します。

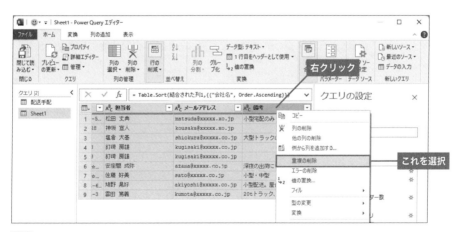

2 いずれかの列を**右クリック**し、「**重複の削除**」を選択します。

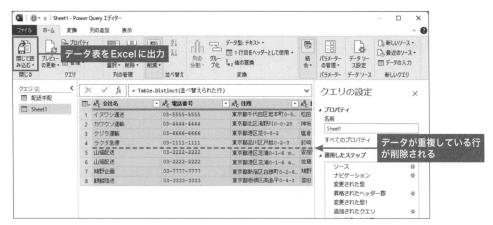

3 すべての列でデータが重複している行だけが削除されます。**データ表をExcel
に出力**して詳しく見ていきましょう。

4 「ラクダ急便」はすべての列でデータが重複していたため、「下にある行」が削除されま
す。一方、「山猫配送」は一部の列でデータが異なるため、行は削除されません。

　このように「重複の削除」は選択した列に応じて動作が変化する仕組みになっています。
重複データの判定は「選択した列」を基準に行われる、ということを必ず覚えておいてく
ださい。

　今回の例のように数件程度のデータであれば、手作業でデータをコピー＆ペーストして
表を結合することも可能です。しかし、データが何百件もある場合は、そうもいきません。
よって、「クエリの追加」や「重複の削除」の使い方も覚えておくと重宝します。状況によっ
ては、「完全外部」の結合方法で「クエリのマージ」を行うのも効果的かと思われます。い
ずれにしても各機能の利点と動作をよく理解しておくことが大切です。

25 クエリの複製と参照

続いては、「クエリの複製」と「クエリの参照」について解説します。作成済みのクエリを複製して別の用途に利用する、クエリの結果を参照して以降の処理を分岐させる、といった場合に活用できるので、ぜひ覚えておいてください。

X クエリの複製

「Power Query エディターには**クエリを複製する機能**も用意されています。クエリの複製は、登録されているステップの内容をそのままコピーする機能となります。

具体的な例を使って解説していきましょう。以下の図は、22節で紹介した**グループ化**を使ってカレー弁当店のデータを商品別に集計したものです。これをExcelに出力すると各商品のデータを合計した「集計表」を得ることができます。とはいえ、状況によっては「集計前のデータ」が必要になるケースもあるでしょう。このような場合は「グループ化された列」のステップを削除すると、集計前のデータに戻すことができます。

このステップを削除すると、集計前のデータに戻る

これはこれで特に問題のない作業といえますが、再び「集計表」が欲しくなったときは「グループ化」の処理をやり直す必要があり少しだけ面倒です。このような場合に**クエリの複製**を活用すると、現在のクエリを残したまま「集計前のデータを出力するクエリ」を新たに作成することが可能となります。クエリを複製するときは、［**ホーム**］タブにある「**管理**」→「**複製**」を選択します。

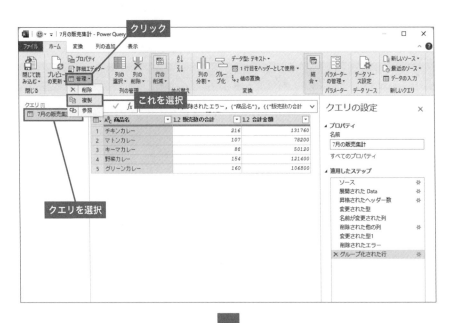

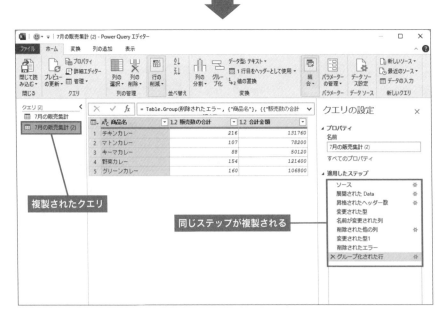

クエリを複製できたら、不要なステップを削除し、わかりやすい名前に**クエリ名を変更**します。その後、データ表をExcelに出力します。

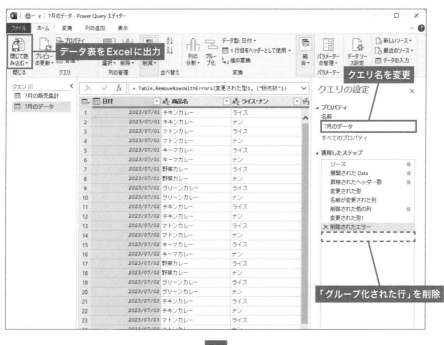

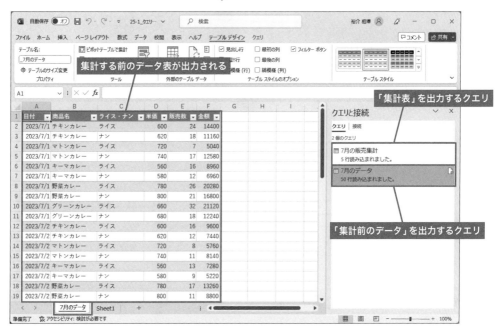

このように「クエリの複製」を活用すると、現在のクエリを維持したまま、新しいクエリを作成できるようになります。先ほど示した例のように不要なステップを削除しても構いませんし、別の新しい処理を追加しても構いません。そのほか、「テスト的に別の処理手順を試してみる」といった場合にもクエリの複製が活用できます。

X クエリの参照

「クエリの複製」とよく似た機能として、**クエリの参照**という機能も用意されています。こちらは現在のクエリをベースに「新しいクエリ」を作成する機能となります。

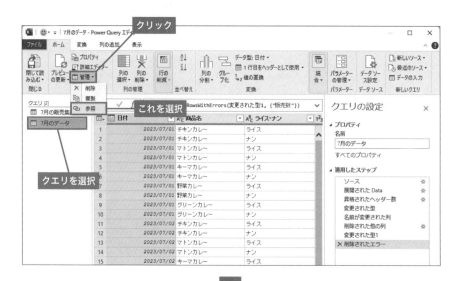

この場合はステップがそのままコピーされるのではなく、**元のクエリの最終結果を参照するステップ**だけを登録したクエリが作成されます。クエリの参照は、以降の処理を分岐させたい場合などに活用できます。

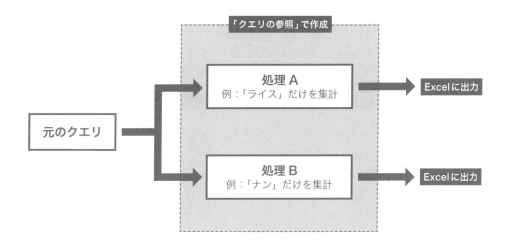

　たとえば、「元のクエリ」でデータ表を整形した後に、Ａ：「ライス」だけの集計表を作成する、Ｂ：「ナン」だけの集計表を作成する、といった分岐処理を行いたい場合などに活用できます。

　なお、元のクエリに修正を加えると、その修正が以降の処理にも影響を与えることに注意してください。たとえば、元のクエリで「チキンカレー」のデータだけを抽出すると、以降の処理も「チキンカレー」のデータについてのみ集計処理が行われるようになります。このように元のクエリの影響を受けることが「クエリの複製」と大きく異なるポイントです。

26 データの取得元、出力先の変更

最後に、データの取得元（ソース）を変更したり、整形・加工したデータ表の出力先を変更したりする方法を紹介しておきます。保存場所を変更したり、クエリを再利用したりするときに必要となる操作なので必ず覚えておいてください。

X データ表の取得元ファイルの変更

「Power Query エディター」に読み込むファイル（フォルダー）を後から変更することも可能です。**取得元ファイルの保存場所を変更したとき、もしくは同じクエリを使って別ファイルのデータを処理するときは、以下のように操作します。**

1 「Power Query エディター」を開き、[ホーム]タブにある「データ ソース設定」をクリックします。続いて、現在の取得元を選択し、[ソースの変更]ボタンをクリックします。

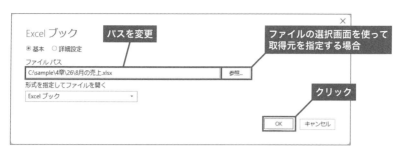

2 このような画面が表示されるので、「新しい取得元」に合わせて
パスを変更し、[OK]ボタンをクリックします。

　以上で取得元の変更は完了です。ただし、「**列の名前**」が変化している、データ型が
一致していないなどの不整合があるとエラーが発生します。これは**処理の途中で自動作成
される列**についても同様です。このため、取得元のデータ表で「列の名前」を変更してい
なくてもエラーが発生するケースがあります。

　エラーが発生したときは、「**新しい取得元**」に合わせて**M言語を修正**する必要がありま
す。[**エラーに移動する**]ボタンが表示された場合は、このボタンをクリックすると「エ
ラーが発生しているステップ」へ即座に移動できます。

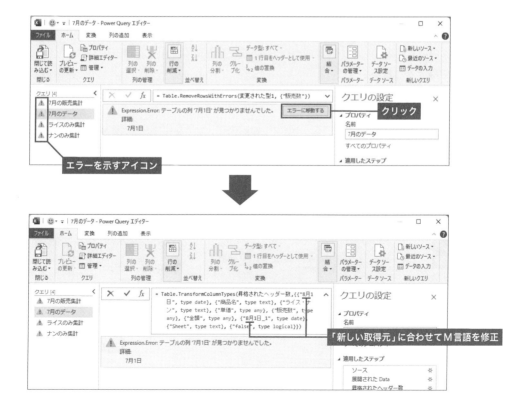

このような作業を繰り返してエラーを解消すると、「新しい取得元」のデータを整形・加工した結果が画面に表示されます。

なお、エラーの対処法は本書のP46〜65でも詳しく解説しているので、よくわからない方は再読しておいてください。また、必要に応じてクエリ名も変更しておくと、不要な混乱を避けることができます。

X データ表の出力先の変更

　Power Queryで整形・加工したデータ表を出力するときに、何も考えずに「閉じて読み込む」をクリックすると、新しいワークシートにデータ表が出力されます。この出力先を「別の場所」に変更することも可能です。データ表の出力先を変更するときは、以下のように操作します。

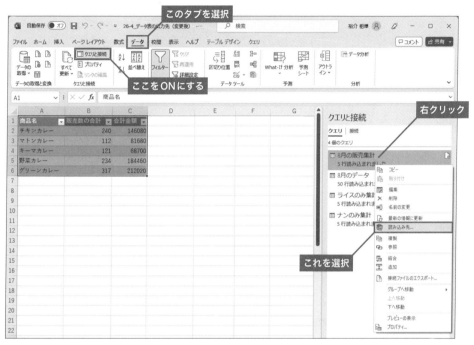

1 Excelの[データ]タブにある「クエリと接続」をONにします。続いて、出力先を変更するクエリを右クリックし、「読み込み先」を選択します。

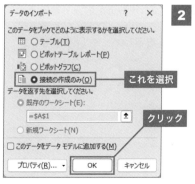

2 出力先を指定する画面が表示されます。ただし、出力方法を「テーブル」にしたまま「既存のワークシート」を選択することはできません。そこで「接続の作成のみ」を選択し、[OK]ボタンをクリックします。

26

データの取得元、出力先の変更

265

3 このような確認画面が表示されるの
で[OK]ボタンをクリックします。
※現在の出力先にあるデータ表が
削除されます。

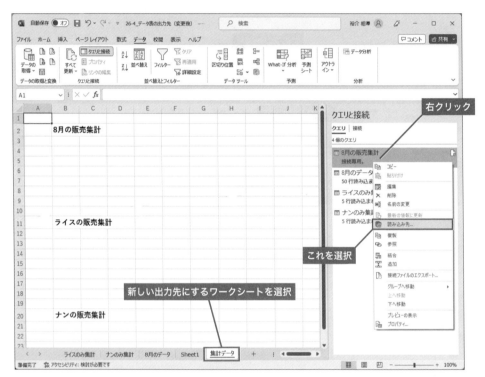

4 クエリの出力先が「接続専用」に変更されます。新しい出力先にするワークシートを
選択し、もういちど**クエリを右クリック**して「**読み込み先**」を選択します。

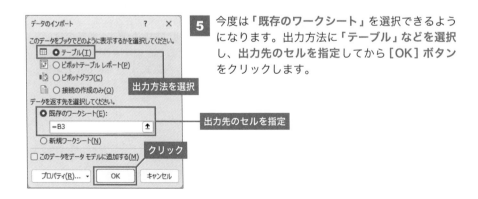

5 今度は「**既存のワークシート**」を選択できるよう
になります。出力方法に「**テーブル**」などを選択
し、**出力先のセルを指定**してから[OK]ボタン
をクリックします。

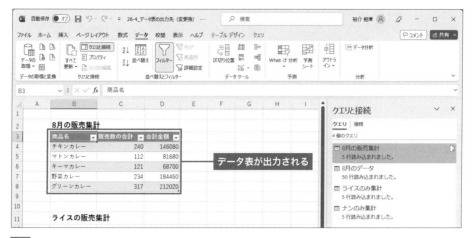

6 指定したセルを先頭にデータ表が再出力されます。

　このように、いちど「接続の作成のみ」を経由させることで、データ表の出力先を自由に変更することが可能となります。出力先を修正できたら、不要になったタブは削除しても構いません。

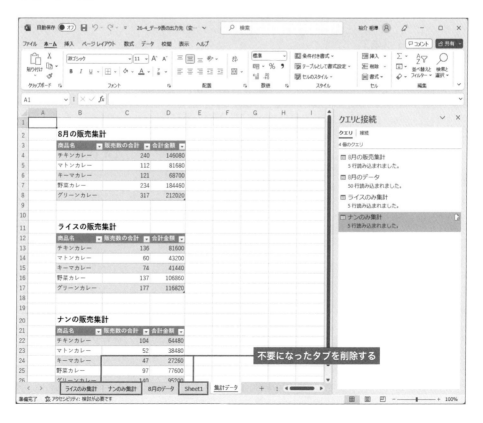

索 引

Index

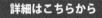

執筆陣が講師を務めるセミナー、新刊書籍をご案内します。

詳細はこちらから

https://www.cutt.co.jp/seminar/book/

ノーコードでExcelを自動化！
パワークエリ スタートブック

2023年10月10日　初版第1刷発行

著　者　　相澤 裕介
発行人　　石塚 勝敏
発　行　　株式会社 カットシステム
　　　　　〒169-0073 東京都新宿区百人町4-9-7　新宿ユーエストビル8F
　　　　　TEL　（03）5348-3850　　FAX　（03）5348-3851
　　　　　URL　https://www.cutt.co.jp/
　　　　　振替　00130-6-17174
印　刷　　三美印刷 株式会社

本書に関するご意見、ご質問は小社出版部宛まで文書か、sales@cutt.co.jp 宛に e-mail でお送りください。電話によるお問い合わせはご遠慮ください。また、本書の内容を超えるご質問にはお答えできませんので、あらかじめご了承ください。

Cover design *Y. Yamaguchi*　　　　　　Copyright©2023　相澤 裕介
Printed in Japan　ISBN 978-4-87783-542-2